Istrien und Kvarner-Bucht

von Veronika Wengert

10 ADAC Top Tipps

Das müssen Sie gesehen haben! Die zehn Top Tipps bringen Sie zu den absoluten Highlights.

25 ADAC Empfehlungen

Unterwegs gut beraten: Diese 25 ausgesuchten Empfehlungen machen Ihren Urlaub perfekt.

Preise für ein DZ mit Frühstück:
€ | bis 750 HRK (100 €)
€€ | bis 1100 HRK (145 €)
€€€ | ab 1100 HRK (145 €)

Preise für ein Hauptgericht:
€ | bis 75 HRK (10 €)
€€ | bis 125 HRK (16,50 €)
€€€ | ab 125 HRK (16,50 €)

1 Freiluftkunst im Wald

Ein roter Baumstumpf, ein buntes Herz aus Stein, grüne Felsblöcke als Elfenthron: Unter freiem Himmel gibt es auf dem 6,5 km langen Land Art Trail im Naturpark Učka (S. 75) viele Kunstwerke zu entdecken. Die Skulpturen hat der Künstler Boris Pecigoš geformt und mit Öko-Farben bemalt. Alles ist bewusst in die Natur integriert: Sonne, Wind und Regen lassen die Werke mit der Zeit verwittern.

■ Land Art Trail Stražica Sapaćica, Eingang unweit des Besucherzentrums Poklon an der Landstraße 5047, www.pp-ucka.hr

3-mal draußen

2 Durch Olivenhaine radeln

Das mediterrane Istrien lässt sich mit dem Fahrrad besonders gut entdecken: Auf der Landzunge Lanterna an der Westküste schlängelt sich der 15 km lange »Olivenweg« an silbergrau schimmernden, knorrigen Olivenbäumen vorbei. Der Rundweg startet in Vabriga, macht einen Abstecher zur Bucht Uvala Lunga und zum kleinen Hafen Santa Marina. Über das ursprüngliche Dorf Tar geht es wieder zurück.

■ www.istria-bike.com, Suchbegriff: 121 Olivenweg; Fahrradverleih u. a. in Poreč oder am Campingplatz Lanterna

3 Rabs grüne Seite erwandern

Baden, Buddeln und Sandburgen bauen: Die Sandstrände von Lopar sind im Sommer bei Familien sehr beliebt. Die Halbinsel im Nordwesten von Rab hat aber noch eine andere, erstaunlich grüne und fast unberührte Seite: Diese lässt sich auf dem neu angelegten, 10 km langen Wanderweg »Epario« auch mit Kindern prima entdecken. Entlang der zerklüfteten Küste geht es zu archäologischen Ausgrabungen, quer durch den Geopark Lopar gelangt man zum Paradiesstrand (Rajska plaža). Eine spezielle App zeigt den Weg.

■ rabarchaeologicaltraces.com/staza-epario

Intro

ADAC Quickfinder

Hier finden Sie die Orte, Sehenswürdigkeiten und Attraktionen, die perfekt zu Ihnen passen.

Unterwegs

6

21

Service

Alle wichtigen reisepraktischen Informationen – von der Anreise über Notrufnummern bis hin zu den Zollbestimmungen.

Zu diesen Orten und Sehenswürdigkeiten finden Sie Detailkarten im Innenteil des Reiseführers.

Umschlag:

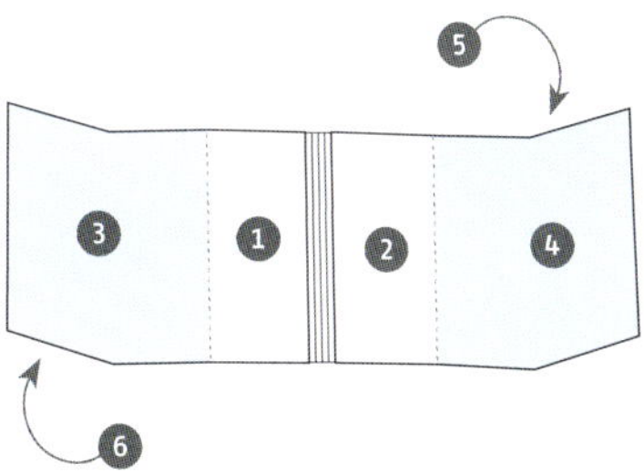

ADAC Top Tipps: Vordere Umschlagklappe, innen ❶

ADAC Empfehlungen: Hintere Umschlagklappe, innen ❷

Übersichtskarte Istrien: Vordere Umschlagklappe, innen ❸

Übersichtskarte Kvarner-Bucht: Hintere Umschlagklappe, innen ❹

Stadtplan Pula: Hintere Umschlagklappe, außen ❺

Ein Tag in Pula: Vordere Umschlagklappe, außen ❻

Adriaschönheiten und Karstfaszination

Venezianische Kulisse, malerische Bergstädtchen und zerklüftete Inselbuchten – hier findet jeder seinen Lieblingsort

Das naturbelassene Kap Kamenjak bildet die südliche Spitze der Halbinsel Istrien

Wo glasklares Wasser an Felsen schlägt, Wälder bis in Buchten reichen und die Sonne vom blauen Himmel lacht, lädt alles zu heiteren Badeferien ein. Schon die Römer schätzten die Küsten Istriens als Urlaubsziel. In der zweiten Hälfte des 19. Jh. entdeckte dann der habsburgische Hochadel die Liburnische Riviera rund um Opatija mit ihrem milden Winterklima für sich.

Badeküsten mit Kultur

Über rund 450 km Küste verfügt allein die istrische Halbinsel, rechnet man die Ufer des Kvarner-Archipels hinzu, verdoppelt sich diese Zahl. Weiße Kies- und glatt geschliffene Felsbuchten, vereinzelt auch Sandstrände, wechseln sich ab mit pittoresken Stadtbildern und großartigen Sehenswürdigkeiten wie dem antiken Amphitheater von Pula, in dem man wunderbare Konzerte und Filmnächte erleben kann. Malerisch venezianisch muten Städtchen wie Rovinj oder Poreč an, hübsch drapiert auf meerumspülten Felsen und gesegnet mit Kunstschätzen wie der byzantinischen Euphrasius-Basilika – einer Mosaik-Bilderbibel aus Millionen farbigen Steinchen. Belle-Époque-

Charme mit verspielter Villenarchitektur bezaubert an der Riviera von Opatija, besonders schön zu sehen bei einem Spaziergang auf dem rund 12 km langen Uferboulevard Lungomare zwischen Lovran und Volosko.

Die urbane Hafenmetropole Rijeka am Scheitel der Kvarner-Bucht, Europäische Kulturhauptstadt 2020, wird oft unterschätzt: Dabei ist sie eine ganz große Bühne zum Shoppen auf der Flaniermeile Korzo, mit wunderbarem Burg- und Pilgerberg Trsat und vielen, auch ungewöhnlichen Museen, die einen langen Regentag angenehm verkürzen.

Berglandschaften mit Genuss

Im Landesinneren Istriens schlagen die Herzen von Wanderern, Mountainbikern und Kletterfreunden höher. Der lang gestreckte Höhenzug des Učka-Gebirges begeistert mit imposanten Canyons und Panoramablicken.

Weiter westlich im Mirna-Tal thronen auf Hügelkuppen über trüffelreichen

Die Fresken der Crkva Sv. Duha in Bale stammen aus dem 15. Jh. (unten) – Zahlreiche Holzstege führen durch den Nationalpark Plitwitzer Seen (ganz unten)

Eichenwäldern und Weinbergen mittelalterliche Festungsstädte wie Motovun, Buzet oder das Künstlerdorf Grožnjan. Winzige Orte wie Roč und Hum entzücken mit buckligen Gässchen und altslawischen Kulturschätzen.

»Das Meer, von den Gebirgen zu einem colossalen Hafen eingedämmt, glänzt, nach Süden offen, weit hinaus; das Auge weidet sich an der Mannichfaltigkeit der Buchten und Klippen.«

Theodor Billroth »Ein Reisebrief« in »Neue Freie Presse« (Wien), 1885

In dieser ländlichen Abgeschiedenheit genießen Feinschmecker in rustikalen Konobas den luftgetrockneten Karstschinken »pršut« und hochkarätige weiße Trüffeln, die frisch gehobelt über hausgemachten Fuži-Nudeln serviert werden. Auch Liebhaber eines guten Tropfens kommen nicht zu kurz.

Inselwelt mit Müßiggang

Einen ganz eigenen Reiz besitzen die Inseln der Kvarner-Bucht, deren höchste Gipfel und Kämme dekorativ aus dem Meer ragen. Von Trockenmauern, silbrig-glitzernden Olivenhainen oder dunklen Pinienwäldern überzogen, hat jede ihr eigenes Gesicht.

In den Ferienzentren an der Westküste und im Süden von Krk, rund um die Sandstrandparadiese bei Lopar auf Rab und in den Städtchen auf Lošinj geht es im Sommer turbulent zu, doch in der Nebensaison findet hier jeder seinen Badeplatz. Auf dem kargen Cres erwartet einen ohnehin mehr Ruhe als auf den anderen Inseln.

Die Altstadt von Rab liegt exponiert auf einem Felsrücken, der ins Meer hinausragt

Natur zwischen Karst und Kaskaden

Spektakulär, mit einem schroff bis zu 1758 m Höhe aufragenden Gebirgsmassiv, präsentiert sich an der Ostküste der Kvarner-Bucht der Karstriese Velebit, ein Nationalpark, der einst als Winnetou-Filmlandschaft diente.

Zu den beeindruckendsten Naturschönheiten Kroatiens aber zählen zweifelsohne die Plitwitzer Seen im Hinterland des Velebit. Leuchtend grüne, über Kilometer gestaffelte Seen und und bis zu 78 m in die Tiefe stürzende Wasserfälle mit Sinterkaskaden in einer dschungelartigen Waldlandschaft ziehen jeden Besucher in ihren Bann.

Dritter im Bunde ist der Nationalpark Risnjak nordöstlich von Rijeka in der Berglandschaft Gorski kotar mit dem Fluss Kupa, den Rafting-Fans lieben.

Komfort mit Freizeitspaß

Eine vielfältige touristische Infrastruktur mit großen Hotelanlagen, kleinen Pensionen, freundlichen Vermietern von Privatzimmern, grünen Campingplätzen und luxuriösen Landhäusern oder Agroturismus-Gehöften im Hinterland bieten für jeden Geschmack und jede Urlaubskasse etwas. Zumeist sind es Badeurlauber, die ungetrübtes Schwimmvergnügen mit glasklarem Wasser genießen. Sportlich Aktive gleiten mit Surf- und Wakeboard über die Wellen, entdecken mit Schnorchel oder Sauerstoffflasche bunte Unterwasserwelt, darunter auch Schiffswracks, oder lichten die Segel. Andere treten auf 2600 km Radwegen in die Pedale. Entspannte Beschaulichkeit bieten bieten Restaurantterrassen mit Hafenflair und schmucke Cafés auf mediterranen Plätzen. Die Mischung macht's – und für Abwechslung ist gesorgt!

Größte Stadt *Rijeka (121 000 Einw.)*

Sprachen *Amtssprache ist Kroatisch (Lateinschrift), in Istrien und Rijeka ist auch Italienisch gebräuchlich (vielerorts gibt es zweisprachige Ortstafeln).*

Währung *Kuna (HRK), 1 Euro = 7,50 HRK*

Staatsform *Parlamentarische Republik*

Fläche *ca. 3500 km² (nur Istrien)*

Einwohner *Rund 210 000 (Istrien) bzw. 310 000 (Kvarner-Bucht)*

Tourismus *20 Mio. Besucher pro Jahr (ganz Kroatien)*

Religion *überwiegend katholisch*

Oft gehörte Redewendung
»Nema problema« (dt. kein Problem) – auch wenn gerade alles aus dem Ruder läuft.

Darin sind die Kroaten Weltmeister *Fußball (zumindest fast) – 2018 stand das Land im Finale und wurde Vizeweltmeister.*

Istriens Superlative
Die längste Krawatte der Welt (808 m) wurde 2003 um das Amphitheater von Pula geknotet. Kroatien gilt als Heimat der Krawatte.

Darauf sind die Kroaten stolz
Auf ihr Fußball-Nationalteam und das »klarste Meer der Welt«

Das will ich erleben

Innerhalb weniger Stunden in das vermutlich sauberste Meer Europas springen, antike Bauwerke bewundern, den Tag bei einem Glas Rotwein in einem Bergdorf ausklingen lassen oder in einer quirligen Hafenstadt Cocktails trinken: Istrien ist nicht wirklich groß, mit dem angrenzenden Kvarner-Golf an Vielfalt aber kaum zu überbieten. Die landschaftlich, kulinarisch und sprachlich facettenreiche Region hat sich ihre mediterrane Gemütlichkeit bewahrt, blickt aber zugleich selbstbewusst in die Zukunft – dank zahlreicher kreativer, junger Talente in Gastronomie, Kultur und Landwirtschaft.

25

Geschichte zum Anfassen

Die Nahtstelle zwischen West- und Osteuropa war seit jeher ein Sehnsuchtsort verschiedener Mächte. Über Spuren von Römern, Venezianern und Habsburgern stolpert man praktisch an jeder Straßenecke. Das erste kroatische Königreich entstand bereits im 10. Jh.

29

Die spannendsten Museen

Junge, international vernetzte Kulturschaffende bringen mit Witz und Einfallsreichtum frischen Wind in die Region. Mit bisweilen spektakulärem Ergebnis, wie jüngst im Fall des neuen Apoxyomenos-Museums auf der Insel Lošinj: Das setzt raffiniert die Bronzestatue eines gleichnamigen antiken Athleten in Szene, die aus örtlichen Gewässern gefischt wurde – eine archäologische Sensation.

Aufregende Autorouten

Der Weg ist das Ziel in Istrien und der Kvarner-Bucht, wenn sich die Straße durch Olivenhaine oder an der zerklüfteten Küste entlangschlängelt. Romantische Dörfer, Aussichtsterrassen und Verkaufsstände örtlicher Selbstvermarkter laden vielerorts zum Verweilen ein.

Atemberaubende Natur

Entlang der Adriaküste bieten Karstformationen, die teils bis zum Meer hinabfallen, ein faszinierendes Naturschauspiel. Nicht weit davon entfernt bezaubern im Landesinneren die Wasserfälle der Plitwitzer Seen.

Die schönsten Strände

Kristallklar und türkisblau dank günstiger Strömungsverhältnisse sowie in Ermangelung von Industrie und großer Flüsse: Ein Spalier an blauen Flaggen attestiert der östlichen Adria beste Wasserqualität. Der Preis für Sichtweiten von bis zu 50 m Tiefe? Sandstrände sind in dieser Region selten, aber nicht ganz ausgeschlossen.

Einkaufen wie die Einheimischen

Beim morgendlichen Einkauf auf der »tržnica«, »placa« oder »pijaca« sind der Plausch und die Tasse Kaffee mindestens genauso wichtig wie die Auswahl von frischem Obst, Gemüse oder Fisch aus der Region. In vielen Familien ist der Einkauf insbesondere am Wochenende Männersache, dann sind die Väter mit ihren Kindern unterwegs.

Kulinarische Höhepunkte

Feinstes Olivenöl, Wein, Pilze und Trüffeln sind nur ein Teil der Spezialitäten, die man in Istrien traditionell mit einer Portion Gastfreundschaft serviert bekommt. Feinschmecker pilgern in die Gegend, um regionale Köstlichkeiten in einem der vielen Slow-Food-Restaurants zu genießen.

Die schönsten Orte

Postkartenschöne Städtchen und Dörfer laden zum entspannten Flanieren und Bummeln ein. Ein Kirchturm kommt an der kroatischen Küste selten allein: Nebenan findet sich in der Regel ein solides Café.

Bezaubernde Bootsausflüge

Ob mit einem Fischer- oder Taxiboot oder der Charterjacht: Manche Küstenziele lassen sich am besten vom Meer aus entdecken. Lassen Sie den Alltag hinter sich und lassen Sie sich den Wind um die Nase wehen!

5

Bars für den Sonnenuntergang

Von der istrischen Gelassenheit lässt man sich am besten im Abendrot mit Blick aufs Meer oder die Weinberge anstecken. Als Sundowner bieten sich neben Aperol Spritz z. B. ein San-Servolo-Bier, ein Glas Teran-Rotwein oder der Kult-Softdrink »Pašareta« an. »Živjeli« heißt »Prost«!

6

Prächtige Gotteshäuser

Von der oströmischen Schatzkammer bis zur stillen Abtei: Die Kirchen und Klöster in der traditionell als katholisches Bollwerk geltenden Region faszinieren noch heute und beeindrucken nicht selten mit gut erhaltenen Fresken.

3

Unterwegs

Das römische Amphitheater in Pula, mit dessen Bau noch unter Augustus begonnen wurde, ist das Wahrzeichen der Stadt. Heute dient es als stilvoller Ort für Konzerte und Festivals.

Istriens Küste: vom Nordwesten bis zum Osten

Von den Ferienhochburgen Umag, Novigrad, Poreč und Rovinj bis zur Kulturhochburg Pula und nach Rabac an der Ostküste Istriens

Klares Adriawasser, idyllische Badebuchten und auf Landzungen gebettete Hafenstädte, die an die lange Herrschaft der Republik Venedig erinnern, machen den Reiz der Küste Istriens aus. Badefans, Wassersportler, Kulturliebhaber und Feinschmecker kommen hier gleichermaßen auf ihre Kosten.
Die Küstenstädte Umag, Novigrad, Rovinj und Poreč verzaubern Besucher mit ihrem malerischen Charme und einer ausgezeichneten Infrastruktur sowie vielen Sportmöglichkeiten – nicht nur auf dem Wasser. In Istriens größter Metropole Pula pulsiert das Leben, seit in der Antike die Römer eines der größten Amphitheater des Mittelmeers errichteten. Ganz im Süden kann man sich in der wildromantischen Felslandschaft des Kaps Kamenjak verlieren. Die Ostküste mit dem Badeort Rabac gehört nur im Südosten zur Gespanschaft Istrien und geht nach Norden in die Kvarner-Bucht über.

In diesem Kapitel:

ADAC Top Tipps:

1 Eufrazijeva bazilika, Poreč
| Kirche |
Byzantinischer Prachtbau: Die mit Mosaiken verzierte Basilika ist UNESCO-Weltkulturerbe und einer der kulturellen Höhepunkte Istriens. ... 24

2 Rovinj
| Stadtbild |
Die auf einer Halbinsel gelegene venezianische Bilderbuchstadt wirkt wie ein buntes Wasserschloss und ist einer von Istriens meistbesuchten Orten. ... 30

3 Amfiteatar, Pula
| Antikes Theater |
Die 2000 Jahre alte römische Arena gehört zu den am besten erhaltenen

der Antike und ist das womöglich bedeutendste Bauwerk des Landes. 37

4 Kap Kamenjak
| Landschaft |
Beim Drink im Schilf des Naturschutzgebiets auf der Premantura-Halbinsel werden Aussteigerträume wahr. 46

ADAC Empfehlungen:

1 Jama Baredine, Nova Vas
| Tropfsteinhöhle |
Mit bizarren Tropfsteinformationen lockt das Erdinnere, oben gibt es historische Traktoren zu bestaunen. 26

2 Monte, Rovinj
| Restaurant |
Istrische Küche auf Spitzenniveau im ersten Sternelokal des Landes. 32

3 Brijuni-Inseln
| Nationalpark |
Titos Lieblingsresidenz nur wenige Kilometer vor Pula ist heute ein charmantes Ausflugsziel. 35

4 MEMO, Pula
| Museum |
Was das DDR-Museum für Berlin ist, ist das MEMO für Pula: jugoslawische Alltagskultur zum Anfassen. 37

5 Augustov hram, Pula
| Antiker Tempel |
Auf Pulas antikem Hauptplatz bietet ein römischer Tempel eine elegante Kulisse für Straßenmusiker. 41

6 Aquarium, Pula
| Forschungszentrum |
Auch bei Regenwetter ein Hit: das große Aquarium in einer alten K.u.k.-Festung im Süden von Pula. 44

1 Umag

Tennis-Mekka und charmanter Badeort mit engen romantischen Gassen

Information

■ TZG (Turistička zajednica grada/Städtischer Tourismusverband), Trgovačka 6, 52470 Umag, Tel. 052/74 13 63, www.coloursofistria.com

Die lebhafte 13 000-Einwohner-Stadt nahe der slowenischen Grenze besticht durch ihre venezianisch geprägte Altstadt, die sich mit ihren engen Gassen auf einer schmalen Landzunge ins Meer hinausstreckt. Sie rahmt eine weite Bucht mit Hafen und Marina, an die sich nach Nordosten bis zur Halbinsel von Savudrija Hotelanlagen, Campingplätze und schöne Badestellen anschließen (von Kiefernwäldern gesäumter Kieselstrand bei Stella Maris oder Sandstrand bei Plaza Polynesia). Felsstrände und Badeplateaus findet man im Süden von Umag an der Plaža Ladin Gaj.

ADAC Mobil

Auf der Suche nach einer Parklücke in Rovinj, Poreč, Krk oder einem anderen netten Küstenstädtchen? Dazu gehört im Hochsommer viel Geduld, denn die begehrten Parkplätze sind ziemlich rar. Die Alternative: Leihen Sie sich ein **E-Bike** oder nutzen Sie die kleinen **Touristenbahnen**, die Hotelanlagen oder Orte im Landesinneren (z. B. Bale, Labin) mit der Küste verbinden – und nur wenige Kuna Fahrpreis kosten. Das spart nicht nur Zeit und Nerven, sondern auch Parkgebühren.

Schutz gewähren seit dem frühen Mittelalter die turmbewehrten Befestigungsmauern, deren Reste bis heute erhalten sind. Später verwandelten die Venezianer, die vom 13. bis 18. Jh. Umag beherrschten, die Stadt in einen florierenden Weinhafen. Heute trägt Umag mit der Veranstaltung Croatia Open das bedeutendste Tennisturnier des Landes aus. Amateursportler können sich das ganze Jahr über auf den Trainingsplätzen der Stadt austoben.

Sehenswert

Crkva Uznesenja Marijina i Sv. Peregrina

| Kirche |

Die auch dem hl. Peregrinus – dem Schutzpatron der Stadt – gewidmete Pfarrkirche aus dem 18. Jh. teilt sich den Hauptplatz Trg slobode mit modernen Gebäuden. Größter Schatz im Kircheninneren ist ein gotisches Schnitzretabel aus dem 15. Jh. mit den Figuren der Heiligen Petrus, Antonius und Martin. Der grandiosen, fast 250 Jahre alten Orgel kann man bei gelegentlichen Festivals lauschen. Zur Nordseite öffnet sich der quirlige, von Cafés und Bars gesäumte Platz mit einem Ausblick auf den Hafen und ein buntes Ensemble von Ausflugsschiffen.

■ Trg slobode, www.zupaumag.com

Verkehrsmittel

Gelb-weiße **Mieträder** des öffentlichen Fahrradverleihs Park and Ride stehen für eine Fahrt bereit. Anmeldung an einem Istra-Experience-Infopunkt, Bezahlung per Kreditkarte an einer der fünf Stationen. ■ www.coloursofistria.com, 18/42 HRK/Std. für mechanisches bzw. Elektrorad

Die venezianische Altstadt von Umag scheint auf dem Wasser zu schwimmen

Parken

Der Altstadt am nächsten liegen die **Bezahlparkplätze** an der Trgovačka ulica am Hafen. Günstiger sind die an der weiter nördlich gelegenen Promenade Šetalište Vladimira Gortana.

Restaurants

€€€ | Pergola Modernes, familiengeführtes Lokal mit kreativer Küche in einem Wohnviertel von Zambratija nahe Savudrija. Gemüse und Obst kommen aus dem eigenen Garten. Meeresfrüchte und Trüffelpasta probieren! ■ Sunčana 2, Savudrija, Tel. 052/75 96 85, www.pergola.com.hr

Einkaufen

Moreno Coronica Leichte und bekömmliche Malvasier und Teran direkt vom Weingut. Verkostung nach Voranmeldung. ■ Koreniki, 86 Umag, Tel. 052/73 03 57, www.coronica.eu

Events

Croatia Open Das Tennisturnier ist Teil der ATP-Herrenprofi-Tour und ein gesellschaftliches Spektakel. ■ Mitte Juli, www.croatiaopen.hr

In der Umgebung

Savudrija

| Badeort |

Nördlich von Umag ragt Kroatiens westlichster Punkt weit ins Meer hinaus: Der 400-Seelen-Ort Savudrija, dessen Wahrzeichen aufgehängte Fischerboote und ein 1818 errichteter Leuchtturm sind. Der 36 m hohe Turm, der älteste in Kroatien, weist zwar nicht mehr Schiffen den Weg; man kann darin jedoch Ferienwohnungen mieten (S. 49). Ringsum laden idyl-

Im Leuchtturm von Savudrija können sich heute Urlaubsgäste einquartieren

lische Kies- und Felsstrände sowie der bei Familien beliebte Sandstrand Zambratija zum Baden ein.

2 Novigrad

Hübsche Hafenstadt mit Marinegeschichte und venezianischer Kulisse

Information

■ TZG, Mandrač 29 a, 52466 Novigrad, Tel. 052/757075, www.coloursofistria.com

Eine »neue Stadt«, wie ihr Name nahelegt, ist Novigrad (4000 Einw.) schon lange nicht mehr: Noch vor den Römern lebte hier eine Kolonie griechischer Seefahrer. Im Mittelalter wurde eine Befestigungsmauer hochgezogen, die heute noch ein Stück weit entlang der Meerespromenade erhalten ist. An die lange Ära des Wohlstands unter venezianischer Hoheit ab dem 13. Jh. erinnern Renaissancepaläste und barocke Bürgerhäuser.

Sehenswert

Altstadt

| Stadtbild |

Besonders abends wird das beschauliche Hafenkarree Mandrač zum Anziehungspunkt. An der von Geschäften, Lokalen und Palazzi gesäumten Hauptstraße Velika ulica hat der barocke Palazzo Rigo (Nr. 5) ein schönes Portal mit Zwillingsfenstern. Das westliche Ende der Flaniermeile markiert der Hauptplatz Veliki trg mit mittelalterlichem Stadtturm und der imposanten dreischiffigen Basilika mit roter Ziegelfassade, die den Heiligen Pelagius und Maximus (Bazilika svetog Pelagija I svetog Maksima) geweiht ist. Schlanke Säulen tragen ihr Kreuzgratgewölbe, unter dem römische und romanische Steindenkmäler ruhen. Der frei stehende Campanile aus dem 19. Jh. bietet eine spektakuläre Aussicht.

■ Veliki trg 7, tgl. 9–19 Uhr, 15 HRK für den Turmaufstieg

Galerija Gallerion

| Museum |

Die Privatsammlung dokumentiert mit detailgetreuen Schiffsmodellen, Waffen, Uniformen und von Matrosen mitgebrachten Souvenirs die Entwicklung der K.u.k.-Marine von ihrem kurzzeitigen Aufstieg im 19. Jh. bis zum Niedergang nach dem Ersten Weltkrieg.

■ Mlinska 1, Tel. 098/254279, www.kuk-marine-museum.eu, Mi–Sa, April–Mitte

Juni 9–12, 15–18, Ende März–Okt. 9–12, 14–18 Uhr, 30 HRK, erm. (5–12 Jahre) 20 HRK

Lapidarij

| Museum |

Die Sammlung steinerner Fundstücke aus dem 1. bis 18. Jh. wird in einem architektonisch interessanten, modernen Flachbau präsentiert. Glanzstück des Hauses sind die Fragmente eines sechseckigen Altaraufsatzes – eines sogenannten Ziboriums – aus dem 8. Jh., ein seltenes Beispiel früher karolingischer Kunst in der Region.

■ Veliki trg 8 a, Tel. 052/72 65 82, www.muzej-lapidarium.hr, Juli, Aug. Mo–Sa 10–13, 19–22 Uhr, übrige Zeit verkürzt, 10 HRK

Parken

Die wenigen Parkplätze am **Hafen** sind von 6–24 Uhr kostenpflichtig (April–Okt., 15 HRK/Std.). Parktickets gibt es am Automaten oder am Tisak-Kiosk.

Restaurants

€€€ | **Čok** Frischer Fisch und eine ungezwungene Atmosphäre machen die Konoba zu einem beliebten Slow-Food-Treffpunkt von Genießern. ■ Ul. Svetog Antona 2, Tel. 052/75 76 43

Kneipen, Bars und Clubs

Piazza Grande Die Kult-Bar Vitriol ist vom Hafen an den Hauptplatz gezogen und serviert regionale Weine, Biere, Käse und Schinken. ■ Veliki trg 9, www.facebook.com/piazzagrandenovigrad

Kinder

Istralandia Rutschen – teils mit Licht- und Klangeffekten – sind das Herzstück dieses modernen, riesigen Wasserparks. ■ A 9, Ausfahrt: Novigrad-Nova Vas, Mitte Juni–Mitte Sept. 10–18 Uhr, 230 HRK, erm. 180 HRK, Kinder unter 1 m frei, Halbtageskarten ab 14 Uhr 190/160 HRK

Novigrads Hauptplatz Veliki trg wird vom Rathaus und Terrassenlokalen gesäumt

3 Poreč

Vom Meer umschlossene Altstadt mit herrlicher Basilika

Am östlichen Ende der Flaniermeile Decumanus erstreckt sich der Trg Slobode

Information

- TIC (Turistički informativni centar/ Touristeninformation), Zagrebačka ul. 9, 52440 Poreč, Tel. 052/45 12 93, www.myporec.com/de
- Parken siehe S. 25

Eine römische Stadtstruktur und mittelalterliche Bauten, dazu Kulturschätze wie die wunderbare byzantinische Euphrasius-Basilika aus dem 6. Jh., machen Poreč (17 000 Einw.) zu einer Perle an der Adria. Das historische Zentrum nimmt eine ins Mittelmeer hinausragende Halbinsel ein, die mit ihren Cafés, Fischrestaurants und Geschäften im Sommer muntere Betriebsamkeit zeigt. Mit ausgedehnten Ferienanlagen nördlich und südlich der Altstadt gehört Poreč zu den wichtigsten Zentren des kroatischen Tourismus. Die größten Resorts – Plava Laguna und Zelena Laguna (»Blaue Lagune/Grüne Lagune«) – liegen weit genug entfernt, um den Charme des uralten Küstenstädtchens nicht zu beeinträchtigen.

Sehenswert

1 Decumanus

| Flaniermeile |

Der schon von den Römern angelegte schnurgerade Decumanus ist eine nur

Plan
S. 25

ADAC Mobil

Vom nächstgelegenen, rund 60 km entfernten **Flughafen** in Pula fahren Shuttlebusse nach Poreč (90 Min.), www.fils.hr, www.brioni.hr. Vom **Busbahnhof** (Karla Huguesa 2, Tel. 060/33 31 11) nahe der Marina gibt es regelmäßige Busse ins Umland (z. B. www.arriva.com.hr). Vom **Hafen** (Obala maršala Tita 5) werden Tagesausflüge nach Venedig angeboten (Zagrebačka 7, Tel. 052/42 28 96, www.venezialines.com). Ein **Touristenbummelzug** bringt Urlaubsgäste vom Zentrum in die umliegenden Feriensiedlungen (www.istrijada.com).

wenige Meter breite Einkaufsstraße mit teils noch 2000 Jahre altem Straßenpflaster, Boutiquen und Cafés. Sie beginnt am Hauptplatz Trg slobode, verläuft quer durch die Altstadt und prägt diese mit der sie kreuzenden Nord-Süd-Achse Cardo Maximus.
An die lange Ära venezianischer Herrschaft erinnert der Fünfeckturm Peterokutna Kula mit einem Relief des Markuslöwen (Decumanus 1). Sein historisches Gemäuer beherbergt ein Restaurant, im Sommer ist auch die Dachterrasse geöffnet – der perfekte Platz für den Sonnenuntergang!
Wenige Schritte weiter befindet sich der im Jahr 1729 errichtete barocke Sinčić-Palast. Dort residiert das Stadtmuseum Zavičajni muzej Poreštine (Decumanus 9, www.muzejporec.hr, wechselnde Ausstellungen, Dauerausstellung wegen Umbau geschlossen). Weiter westlich ist das mittelalterliche Romanische Haus (Romanička kuća) aus dem 13. Jh. zu sehen, das im 18. Jh. um einen schönen umlaufenden Holzbalkon ergänzt wurde.

2 Trg Marafor

| Platz |

Die Decumanus-Straße mündet in den Trg Marafor. Er diente in der Antike als zentrales Forum mit wichtigen Regierungsgebäuden. Zwischen den Häusern verstecken sich die Reste eines Marstempels – der einst der größte Istriens gewesen sein soll – sowie Fragmente eines Neptuntempels (1. Jh.).

Prachtvolle byzantinische Wandmosaike zieren das Innere der Euphrasius-Basilika

3 Eufrazijeva bazilika

| Kirche |

1 *Byzantinisches Gesamtkunstwerk und UNESCO-Weltkulturerbe*

Die Euphrasius-Basilika ist zweifellos eine kultureller Höhepunkt Istriens: Die Kirche, die Euphrasius, der zweite Bischof von Poreč, im 6. Jh. im byzantinischen Stil errichten ließ, bildet zusammen mit dem Baptisterium und dem Bischofspalast ein grandioses Ensemble, das Einflüsse von Rom, Venedig und Byzanz harmonisch vereint. Es ist mit den frühchristlichen Gebäudeteilen hervorragend erhalten und steht auf der Liste des UNESCO-Weltkulturerbes. Ein Atrium, eine Taufkapelle und ein Bischofspalast ergänzen den Komplex.

Die Basilika ist mit prächtigen, golden schimmernden Mosaiken verziert. Das zentrale Apsisgewölbe zeigt die Muttergottes mit Jesuskind auf einem von einem Kissen bedeckten Thron – flankiert von Erzengeln, Märtyrern, dem Bauherren und dem hl. Maurus, der hier einst im 3. Jh. eine Gemeinde gegründet hatte. Die ihm gewidmete Maurus-Kapelle aus dem 4. Jh. stellt den ältesten Bauteil des Komplexes dar. Die Gebeine des Märtyrers ruhen inzwischen hinter dem Hauptaltar.

Ein Durchgang führt zur Veranda der früheren Bischofsresidenz, die auf der Meeresseite bis zur Stadtmauer reicht. Im Lapidarium sind frühchristliche Bodenmosaike der Vorgängerbauten teils unter freiem Himmel freigelegt. Halten Sie nach dem Fischmosaik Ausschau.

Vor der Basilika öffnet sich ein Atrium mit säulengeschmücktem Arkadengang zu einer achteckigen Taufkapelle. Dahinter liegt der Aufgang zum Glockenturm, dessen Aussichtsplattform ein fantastisches Panorama der Riviera von Poreč und einen Überblick über den Kirchenkomplex gewährt.

■ Eufrazijeva ul. 22, www.zupaporec.com, Juli, Aug. 9–21, Juni, Sept.–Dez. 9–18, Jan.–März 9–13, April–Mai 9–16 Uhr, 50 HRK, erm. 25 HRK

4 Obala maršala Tita

| Uferpromenade |

Der Uferweg umrundet die gesamte Altstadt und bietet reizvolle Ausblicke aufs Meer und die Küste. Auf dem Volksplatz Narodni trg am südöstlichen Ende steht der Runde Turm (Okrugla kula) aus dem 15. Jh., der einst einen Teil der Festungsmauer bildete.

Parken

Der große Stadtparkplatz **Veliko gradsko parkiralište** befindet sich neben dem Marktplatz am Rand der Altstadt (Partizanska 4, ab 10 HRK/Std., je nach Saison). Bezahlpflichtige Parkstreifen sind blau markiert und wiederum in rote, gelbe und grüne Preiszonen aufgeteilt. Die günstigste grüne Zone 3 findet sich z. B. jenseits des Jachthafens am südlichen Ende der Ulica Rade Končara; zahlbar via App (PayDo).

Restaurants

€€€ | Sveti Nikola Fischlokal mit gehobener Küche, guter Weinkarte und schönem Ambiente direkt am Wasser. ■ Obala maršala Tita 23, Tel. 052/42 30 18, www.svnikola.com, Plan S. 25, a2

Cafés

Torre Rotonda Die Dachterrasse des Wehrturms bietet ein Café, Cocktails und einen Traumblick auf die Altstadt. ■ Narodni trg 3 a, Tel. 098/25 57 31, www.torrerotonda.com, Plan S. 25, b2

Einkaufen

Enoteca Per Bacco Delikatessen am Hauptplatz: Der Laden führt istrische Weine, Grappa, Olivenöl und Souvenirs. ■ Trg Slobode 10, Tel. 052/45 16 00, Mo–Sa 9–20, So 9–16 Uhr, Plan S. 25, c2

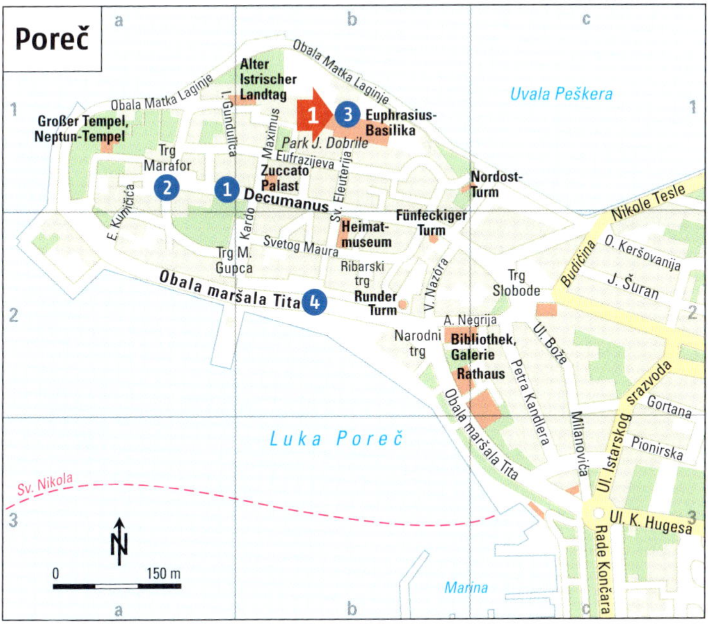

Konzerte

Im Innenhof des **Zavičajni muzej** mit Café und einem Lapidarium antiker Skulpturen finden im Sommer Jazzkonzerte statt (»Jazz in lap«). ■ Jeden Mi 21 Uhr, Decumanus 9, Plan S. 25, b2

Events

Vinistra Bei der Weinmesse der Vereinigung der istrischen Winzer Mitte Mai kann man die besten Tropfen der Region kosten. ■ www.vinistra.com

Sport

Eine spannende Fahrradtour führt durch die Hügellandschaft im Inneren Istriens: die **Parenzana-Route**, die sich auf der kroatischen Seite über knapp 80 km entlang dem früheren Gleisbett der gleichnamigen Eisenbahnstrecke von Triest nach Poreč schlängelt. Informationen beim Tourismusverband (Tel. 052/45 25 00, www.istria-bike.com).

In der Umgebung

Sveti Nikola

| Insel |

Für einen Badeausflug eignet sich das Leuchtturm-Inselchen Sveti Nikola, das nur ein paar Bootsminuten vom Festland entfernt ist. Die Taxiboote starten vor dem neoklassizistischen Stadtpalast an der Riva-Uferpromenade.

Jama Baredine

| Tropfsteinhöhle |

1 *Bizarre Tropfsteinformationen, alte Traktoren und Weinbaugerät*

Hier lässt sich gut ein ganzer Tag verbringen: In die zauberhafte, ca. 300 m lange Tropfsteinhöhle führen steile Stufen hinab. Durch fünf Tropfsteinsäle geht es bis zu einem unterirdischen See in 60 m Tiefe, in dem vier blass rosafarbene, blinde Grottenolme leben. Diese Lurchart kommt fast nur in den unterirdischen Karsthöhlen an der Adria vor. Die Führungen starten alle 30 Minuten (auch auf Deutsch).

Die weitläufige Anlage ergänzen eine Speleogalerie mit Steinzeitkunst, etwa prähistorischen Venusfigürchen, ein rustikales Restaurant, ein Spielplatz, eine Kletterwand und Bauernhoftiere. Auf der anderen Seite des großen kostenlosen Parkplatzes wartet eine überaus sehenswerte Ausstellung mit 50 historischen Traktoren, einer Tenne und einer Ausstellung zu Brot, Wein und dem Olivenanbau in der Region.

■ Gedići 55, Nova Vas (5 km von Poreč), Tel. 052/42 13 33, www.baredine.com, April, Okt. tgl. 10–16, Mai, Juni, Sept. tgl. 10–17, Juli, Aug. tgl. 10–18.30 Uhr, Höhle 75 HRK, erm. 45–60 HRK, Traktor Story 35 HRK, erm. 30 HRK, Kombiticket 90 HRK, erm. 65–80 HRK

ADAC Mittendrin

Das Ende der Sommersaison ist in Poreč zugleich deren Höhepunkt: Beim **Giostra-Volksfest** am zweiten Septemberwochenende verkleiden sich die Porečani als Edeldamen und adlige Herren, wandeln in barocker Festkleidung durch die mit bunten Bannern und Fahnen geschmückte Altstadt und tanzen zu alten Weisen. Höhepunkt des historischen Spektakels ist ein Reiterwettkampf, der dem Volksfest seinen Namen gab. »Giostra« bedeutet auf Italienisch Ritterturnier (www.facebook.com/giostraporec).

Die romantische mittelalterliche Stadt Vrsar liegt nahe des Eingangs zum Limski kanal

4 Vrsar

Marmorzentrum, Casanovas Urlaubsort und Mutter aller FKK-Campingplätze

Information

■ TZ, Ul. Rade Končara 46, 52450 Vrsar, Tel. 052/44 17 46, www.infovrsar.com

Das reizvoll auf einem Hügel an der Küste liegende 3000-Seelen-Fischerdorf hat Eingang in die Weltliteratur gefunden: Der venezianische Schriftsteller und Abenteurer Casanova lobt Vrsar in seinen Memoiren (genau genommen die Schönheit der Frauen und die Qualität des heimischen Weins). An seine Besuche 1743 und 1744 in Orsera – so der italienische Ortsname – erinnert eine nach ihm benannte Altstadtgasse und ein jährliches Festival. Der stillgelegte Montraker-Steinbruch südwestlich der Altstadt ist in den Sommermonaten Bildhauer-Treff und eine Openair-Galerie mit prima Ausblick!

Sveta Marija od mora

| Kirche |

Die am bunten Fischerhafen gelegene romanische Basilika der hl. Maria vom Meer gehört zu den wenigen Bauwerken dieser Epoche in der Region. Die Fundamente stammen aus dem 4. bis 6. Jh. Säulenarkaden mit Blumenmotiven an den Kapitellen teilen den kargen Innenraum des Gotteshauses in drei Schiffe. An den Wänden sind verblichene Fresken aus der Entstehungszeit erkennbar, etwa die Köpfe einiger Heiliger in der Hauptapsis.

Sveti Martin

| Aussichtspunkt |

Steil hügelaufwärts liegen das Kaštel aus 12. Jh., das heute ein Apartmenthaus ist, und die Pfarrkirche Sv. Martin. Vom Kirchturm aus kann man die vor-

Im Blickpunkt

Das nackte Paradies – Freikörperkultur in Istrien

Das Eiland Koversada vor Vrsar gilt als Geburtsort des modernen FKK-Tourismus: Schon seit 1961 wird auf dem unbewohnten Inselchen hüllenlos gecampt. Die jugoslawischen Behörden unterstützten damals die mit sozialistischen Prinzipien konforme Nacktkultur, die freilich mehr Anhänger unter sonnenhungrigen Touristen als unter Einheimischen hatte. Heute fasst der Naturist Park Koversada, der sich inzwischen auch aufs Festland ausdehnt, bis zu 6000 Gäste und gilt als einer der größten seiner Art in Europa (www.maistra.com).

gelagerten Inseln und bei klarem Wetter sogar die Euphrasius-Basilika im nördlich gelegenen Poreč ausmachen.
■ Pod voltom 12, Tel. 052/44 17 46, Turm Sommer tgl. 9–20 Uhr, im Winter geschl.

Park skulptura Dušana Džamonje

| Skulpturenpark |
Ein paar Kilometer nördlich von Vrsar befindet sich der Skulpturenpark mit Werken des Bildhauers Dušan Džamonja (1928–2009), der hier lebte und arbeitete. Die monumentalen, abstrakt geformten Figuren aus Stein und Stahl bilden imposante Blickpunkte in dem weitläufigen Areal, das sich über eine Fläche von 10 ha erstreckt und auch Džamonjas Atelier umfasst.
■ Valkanela 5 (an der Straße Richtung Funtana), www.muzejporec.hr, Tel. 052/ 43 22 63, Di–So, Juni–Aug. 9–20, März–Mai, Sept., Okt. 9–18, Jan., Dez. 9–17 Uhr, Eintritt frei

Restaurants

€€€ | Restaurant Trošt Mit Blick auf Marina und Meer genießt man frische Fischgerichte aus der Region, aber auch istrischen Schinken und Rinderfilet. ■ Obala maršala Tita 1a, Tel. 052/ 44 51 97, www.restorantrost.hr

Kinder

Dinopark Funtana Im nahen Funtana führt ein Pfad an 40 Dinosauriern in Originalgröße vorbei. Kinder lieben die beweglichen Urzeittiere, bei denen auf Knopfdruck ein Mini-Dino aus dem Ei schlüpft, die Stuntshows sowie eine kleine Achterbahn. ■ Funtana, www.dinopark.hr, April–Anf. Okt. tgl. 10–18 Uhr, 160 HRK, erm. (4–14 Jahre) 140 HRK, ab 15 Uhr vergünstigter Eintritt

Events

Skulpturenausstellung im Montraker-Steinbruch Ende August/Anfang September stellen alljährlich Absolventen der Internationalen Sommerschule

ADAC Spartipp

Fangfrischer Fisch ist in kroatischen Restaurants kein günstiges Vergnügen. Man sollte unbedingt vorher die auf der Karte stehenden Preise klären, denn oft werden diese nach dem tatsächlichen Gewicht des servierten Fisches berechnet! Hat man z. B. eine üppige Goldbrasse bestellt, kann die Rechnung deutlich höher ausfallen als erwartet.

für Bildhauer Montraker im gleichnamigen stillgelegten Steinbruch (»kamenolom«) und in der Altstadt ungefähr zehn Tage lang ihre Werke aus.
■ www.infovrsar.com

5 Limski kanal

Die fjordartige Bucht ist ein Naturreservat und Zuchtplatz köstlicher Austern

Information

■ Verwaltet von der Naturschutzbehörde Natura Histrica, www.natura-histrica.hr, Tel. 052/35 15 20, Anreise per Ausflugsschiff am günstigsten aus Vrsar

Wildromantisch und unberührt wirken die dicht bewaldeten Anhöhen, die den 11 km langen und bis zu 600 m breiten Meeresarm Limski kanal säumen. Mit seiner Dimension und Anmutung wird er häufig als »Fjord« bezeichnet, was allerdings nicht ganz korrekt ist: Anders als die Fjorde Norwegens wurde er nicht von eiszeitlichen Gletschern ausgefräst, sondern entstand erst vor ungefähr 10 000 Jahren durch Einsturz und Flutung eines Karsttals. Die tiefblaue Wasserfläche, die sich malerisch durch die grüne Hügellandschaft schlängelt, ist nicht selten bunt gesprenkelt von Ausflugsschiffen. Besucher werden zur »Piratenhöhle« (mit Café-Bar, Eintritt 7 HRK) geschippert, zu der steile Stufen hinaufführen.

Autofahrer und Reisebusse genießen neben dem eindrucksvollen Naturerlebnis die frischen Austern, Muscheln und Fischgerichte, für welche das traditionsreiche Restaurant Viking (€€€, Tel. 44 82 23, gegenüber) im Nordosten des Limski kanal berühmt ist. Lieferant der kulinarischen Spezialität sind Zuchtfarmen, die das spezielle Ökosystem des Limski kanal nutzen: ein Gemenge von sauberem Süß- und Salzwasser. Die Romualdova pećina (Romuald-Höhle) am Ende des Limski kanal ist seit der Steinzeit genutzt, war zuletzt jedoch aus Sicherheitsgründen für Besucher geschlossen. Das Baden ist in dem Naturreservat verboten.

Fjordartig reicht der Limski kanal 11 km tief ins dicht bewachsene Hinterland hinein

6 Rovinj

Meerumspülte Altstadt mit venezianischem Charme

Blick vom Südhafen auf die Altstadt von Rovinj mit der Kirche der hl. Euphemia

Information

- TZ, Ul. Pina Budicina 12, 52210 Rovinj, Tel. 052/811566, www.rovinj-tourism.com
- Parken siehe S. 32

2 *Die auf einer Halbinsel gelegene Stadt wirkt wie ein Wasserschloss*

Die Altstadt dieses 14 000-Einwohner-Ortes, der zu den meistbesuchten in Istrien gehört, scheint auf dem Wasser zu schwimmen. Seinen besonderen Reiz verdankt Rovinj dem auf einer Halbinsel gelegenen mittelalterlich-venezianischen Stadtkern, der von zwei Hafenbuchten eingerahmt wird.

Vom Valdibora-Marktplatz im Norden aus gesehen reichen die bunten Fassaden der trutzigen hohen Häuser bis an die Uferkante. Dahinter führen verwinkelte Gassen hügelaufwärts zur Basilika Sveta Eufemija, deren schlanker Campanile dem der Markuskirche in Venedig zum Verwechseln ähnlich sieht. Im alten Hafen in der Katarina-Bucht auf der Südseite schaukeln die Fischerboote vor dem geschäftigen Hauptplatz Trg maršala Tita im Wasser. Noch weiter im Süden liegen der moderne Jachthafen, Hotels und die grüne Landzunge Zlatni rt (Goldenes Kap) mit schönen Badebuchten und zahlreichen Fahrrad- und Wanderwegen.

Plan
S. 33

Sehenswert

1 Trg maršala Tita

| Platz |

Der Hauptplatz Rovinjs öffnet sich trichterförmig zum Hafen hin. Von den Caféterrassen aus – darunter der des Viecia Batana, eines der ältesten Kaffeehäuser der Stadt – kann man die Rovinjani bei ihrem Alltag beobachten. Zwischen den bunten Häusern sticht der dunkelrote Uhrturm Gradska ura hervor, den ein Markuslöwe aus dem 15. Jh. ziert. Konkurrenz macht ihm ein geflügelter Zeitgenosse, der im 17. Jh. in den Torbogen Balbijev luk in der Seitenstraße Matteotti eingefügt wurde (siehe Kasten ADAC Wussten Sie schon?). Er führt zum ebenfalls barocken, wappengeschmückten Rathaus.

ADAC Wussten Sie schon?

Der **Markuslöwe** im Balbi-Torbogen besitzt ein Geschlechtsteil, was ungewöhnlich ist für das Herrschaftszeichen Venedigs. Sonst wurde das Wappentier »ungeziert« – der Fachausdruck für entmannt – abgebildet. Typisch ist dagegen die Darstellung mit Flügeln und Buch als Symbol für den Evangelisten Markus. Auf dem Bogen sind zudem die Köpfe eines orientalischen und eines venezianischen Kaufmanns zu sehen.

2 Obala Pina Budicina

| Uferpromenade |

Die von Einheimischen nur »Riva« genannte Uferpromenade, die die Altstadt umrundet, lädt insbesondere in der blauen Stunde zum Flanieren ein. Im alten Hafen in der Bucht Katarina sieht man noch typische Batana-Holzboote. Von der kleinen Mole (»Mali mol«) aus legen Taxischiffe zu den Badeinseln Sveta Katarina und Sveti Andrija ab.

3 Ulica Grisia

| Einkaufsstraße |

Die kopfsteingepflasterte Stufengasse schlängelt sich vom Hauptplatz Trg maršala Tita zur Pfarrkirche Sveta Eufemija auf einem Hügel hinauf. Zwischen Souvenirläden stellen Kunsthandwerker in Galerien, auf Treppen und in Hinterhofateliers ihre Arbeiten aus.

4 Sveta Eufemija

| Kirche |

Die Pfarrkirche aus dem 18. Jh. ist der Schutzheiligen der Stadt geweiht, deren vermeintliche Gebeine hinter dem rechten Seitenaltar ruhen. Der Legende nach wurde der Sarkophag der aus Konstantinopel stammenden frühchristlichen Märtyrerin Euphemia im 9. Jh. vor der Küste Rovinjs angespült, nachdem er unter geheimnisvollen Umständen von seinem ursprünglichen Standort verschwunden war. Die Spitze des 60 m hohen Glockenturms krönt eine Kupferstatue der Schutzheiligen, die den Fischern wie eine Wetterfahne die Windrichtung anzeigt. Eine tolle Aussicht entlohnt für den Aufstieg, die knarrende Holztreppe ist allerdings nur etwas für Schwindelfreie.

■ Garibaldijeva 1, Sommer 10–18, Winter 10–14 Uhr, Kirchturm 20 HRK

Parken

Die Parkplätze im Zentrum sind kostenpflichtig, die Gebühr richtet sich nach der Parkzone (1–4). Valdibora ist der größte Parkplatz vor der autofreien Altstadt und erstreckt sich am Hafen (Obala poginulih branitelja), in der Nähe befinden sich auch die Parkplätze **Boksiti** (Pećine, 12 HRK/Std., 0–24 Uhr) und **Concetta** (Aleja Ruđera Boškovića, 10 HRK/Std., 0–24 Uhr). Die Parkplätze entlang des Spazierwegs Šetalište za Škarabu am Parkwald Zlatni rt sind im Sommer ebenfalls gebührenpflichtig (Mai–Okt. 10 HRK/Tag).

Restaurants

€€ | Tipico Green Garden Kreative vegetarische Küche zwischen Oliven und Weinreben, etwas außerhalb. ■ Grisia 32, Tel. 091/3494006, www.facebook.com/tipico.rovinj, Ende März–Okt. 12–15.30, 17.30–23 Uhr, Plan S. 33, c3

2 **€€€ | Monte** Kroatiens erstes Michelinstern-Lokal und ein Genusstempel mit niveauvollen Neuinterpretationen istrischer Klassiker wie Spanferkel mit einer karamellisierten Schwarte. Unbedingt reservieren! ■ Montalbano 75, Tel. 052/83 02 03, www.monte.hr, Plan S. 33, b3

Einkaufen

Galerija Zdenac Innovative Keramiklampen, -plastiken und Schmuck werden in einem früheren Weinkeller in der Altstadt präsentiert. ■ Zdenac 13, Tel. 095/5477135, www.facebook.com/brakovicceramics, Plan S. 33, c2

Kneipen, Bars und Clubs

Mediterraneo Bar Direkt am Meer zwischen Uferfelsen auf bunten Kissen und Stühlen sitzen und bei einem Drink den Sonnenuntergang beobachten. Etwas legerer als das schicke Valentino ein paar Häuser weiter. ■ Svetog Križa 24, Tel. 091/5328357, www.facebook.com/mediterraneo.rovinj, April–Okt. 9–ca. 24 Uhr, Plan S. 33, c4

ADAC Spartipp

Ambitionierte Ausstellungen zeitgenössischer kroatischer Künstlerinnen und Künstler gibt es in der **Galerija Adris** gratis zu sehen. Die Kunsthalle ist in einem modernen Gebäude in der Nachbarschaft des Jachthafens untergebracht. *Obala Vladimira Nazora 1, Tel. 052/801122, Sommer 18–23, Herbst 17–21 Uhr*

Kinder

Ekomuzej Batana Das kleine Museum widmet sich auf unterhaltsame Weise dem traditionellen gondelähnlichen Batana-Holzboot, dem Identitätssymbol der örtlichen Fischer. Die interaktive Ausstellung dokumentiert, welch wichtige Rolle Fischerei und Bootsbau im Alltag einst spielten. ■ Obala Pina Budicina 2, Tel. 052/81 25 93, www.batana.org, Juni–Aug. tgl. 10–13, 19–23 Uhr, Sept.–Nov., März–Mai tgl. außer Mo, Dez.–Feb. nach Voranmeldung, 20 HRK, erm. 10 HRK, Plan S. 33, c3

In der Umgebung

Sveti Andrija

| Insel |

Das winzige, 15 Fährminuten entfernte Hotelinselchen Sveti Andrija (auch: Crveni otok) gleicht einem Botanischen Garten. Es eignet sich gut für einen reizenden Badeausflug (flacher Kiesstrand!) oder Abendspaziergang. Noch näher am Festland, nur 5 Min. Fahrt, liegt die charmante Hotelinsel Sveta Katarina (www.maistra.com).

■ Im Sommer 6–24 Uhr stündl. Taxiboot von der Anlegestelle »Mali mol« an der Riva, 40 HRK, Kinder bis 10 Jahre 10 HRK

Zlatni rt

| Parkwald |

Das auch als Punta Corrente bekannte »Goldene Kap« präsentiert sich als ein herrlich schattiger Parkwald, der sich etwa 2,5 km südlich von der Altstadt erstreckt. Das Grün der Pinien, Zypressen und Lorbeerbäume säumt einige der beliebtesten Strände Rovinjs und grenzt an das bei Freeclimbern beliebte Kap Montauro.

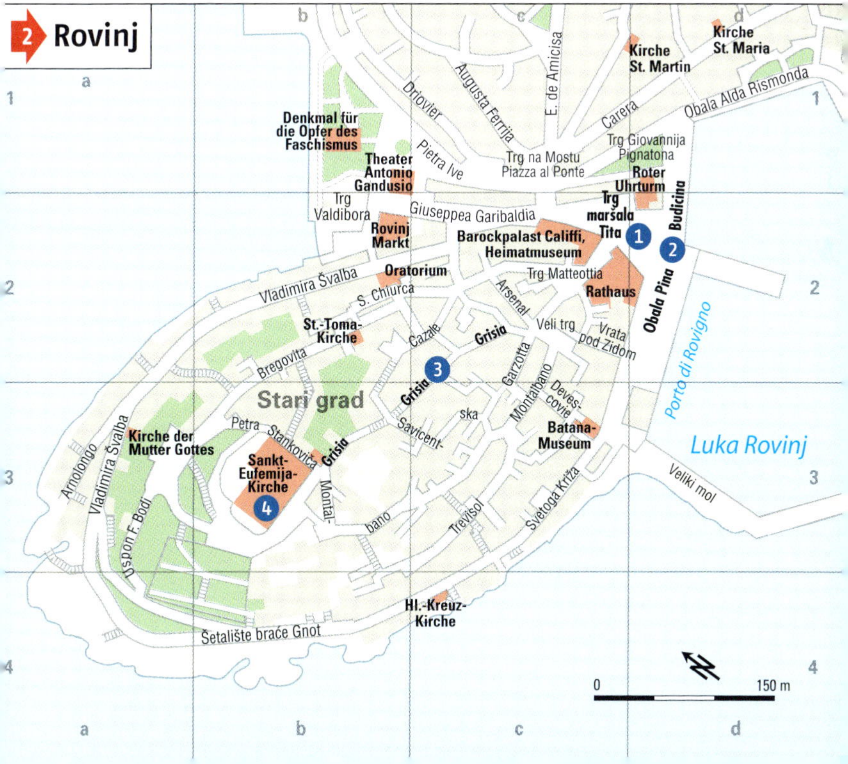

Vom Mini-Leuchtturm am Ende der Mole schweift der Blick über Fažanas Hafen

Monkodonja

| Ausgrabungsstätte |

Entlang der Straße zwischen Rovinj und Bale zweigt beim Dörfchen Kukuletovica (ausgeschildert) ein 1 km langer Feldweg zu dieser Bergsiedlung aus der Bronzezeit (1800–1200 v. Chr.) ab. Auf dem 80 m hohen Hügel (mit Meerblick!) gibt es Gebäudefundamente dieser einst herausragenden Großsiedlung zu bestaunen (Eintritt frei). Trittsichere Schuhe einpacken! Geparkt wird in einer Bucht am Wegrand.

Palud

| Vogelschutzreservat |

Dichtes Schilfrohr, Röhricht und Binsen umsäumen das Sumpfgebiet, das sich 8 km südlich von Rovinj erstreckt. Vom kostenlosen Parkplatz führt ein gut befestigter Weg in gut 10 Min. zu einem Beobachtungspunkt für die mehr als 200 hier nistenden Vogelarten, darunter die Wasserralle oder Wildenten (Fernglas nicht vergessen!). Nahebei verbindet ein 200 m langer Kanal den Sumpf mit dem Meer. Der Kanal wurde zu K.u.k.-Zeiten zur Malaria-Prophylaxe ausgehoben: Im salzigen Sumpfwasser konnten sich die Larven von Stechmücken nicht mehr entwickeln.

■ Entlang der Straße Rovinj–Pula, Richtung Veštar abbiegen (ausgeschilderter Schotterweg), www.natura-histrica.hr, Eintritt frei, Führungen möglich

7 Fažana

Kleiner Fischerort mit Sardinentradition und belebter Uferpromenade

Information

■ TZ, 43. Istarske Divizije 8, 52212 Fažana, Tel. 052/38 37 27, www.infofazana.hr

■ Parkplatz Ulica Titova riva 9–10 gegen Gebühr

Vielen ist Fažana (3500 Einw.) nur als Ausgangspunkt für Bootstouren zu den vorgelagerten Brijuni-Ilnseln (siehe Im Blickpunkt rechts) bekannt, dabei ist das Fischerörtchen mit seinem geschäftigen Hafen, den bonbonbunten Häusern und sehenswerten Kirchen einen eigenen »đir« (Runde) wert. Bis in die 1950er-Jahre befand sich hier eine bedeutende Sardinenverarbeitungsfabrik. Im Juli und August bietet der Tourismusverband am Mittwochabend kostenlose zweistündige Workshops inklusive Bootsausflug an, bei denen man vom Ködern bis zum Einlegen einiges über den Fisch lernen kann. Zum traditionellen Sardinenfest am ersten Samstag im August reisen Feinschmecker von weither an, um am Hafen vorzügliche Fischgerichte zu genießen.

Sehenswert

Crkva Sv. Kuzme i Damjana

| Kirche |

An einem Platz am Hafen steht die spätgotische Pfarrkirche der Heiligen Cosmas und Damian (Ende 15. Jh.) mit frei stehendem Glockenturm. Das von außen eher nüchtern wirkende Gotteshaus überrascht im Inneren durch eine reiche Ausstattung, zu der ein Abendmahlgemälde aus dem 16. Jh. gehört. ■ Trg Sv. Kuzme i Damjana 5, Juli, Aug. 9–10.30, 18–22 Uhr

Restaurants

€€ | **Konoba Batana** Leckere Sardinen kommen in dieser gemütlichen Konoba mit großer Terrasse auf den Tisch. ■ Trg stare škole 17, Tel. 098/9127212, www.batana-fazana.eu

Sport

Diving Center Puntižela Vor den Brijuni-Inseln liegt in etwa 40 m Tiefe das Wrack des Passagierschiffs »Baron Gautsch«, das im Jahr 1914 explodiert war und mehr als 140 Menschen in den Tod riss (S. 42). Es wurde zum nationalen Kulturgut erklärt und darf nur unter der Anleitung autorisierter Tauchzentren besucht werden, darunter diesem, geleitet von den Deutschen Rudi und Sabine Kniewasser. Die Basis befindet sich auf dem Campingplatz Brioni Sunny Camping in Puntižela auf halbem Weg zwischen Fažana und Pula. ■ Puntižela 155, Tel. 052/517474, www.relaxt-abgetaucht.de, April–Okt.

Im Blickpunkt

Brijuni-Inseln: Glamour im Dienste Titos

3 Im Kalten Krieg diente das Brijuni-Archipel dem sozialistischen Staatsführer Josip Broz, genannt Tito, als Bühne für die Inszenierung des jugoslawischen Sonderwegs – einer Mischung aus Markt- und Planwirtschaft nach dem Bruch mit Stalin. In seiner Sommerresidenz empfing er Polit-Promis wie Fidel Castro, Willy Brandt oder Elisabeth II. bis zu Hollywoodstars wie Liz Taylor, Richard Burton und Sophia Loren. Für die Bevölkerung waren die 14 Eilande einschließlich Titos Sommerresidenz fast 40 Jahre lang gesperrt. Seit 1983 ist das Archipel mit unberührter Flora und Fauna ein Nationalpark, von dem die größte, autofreie Insel Veli Brijun besichtigt werden kann: Ab Fažana legt das Ausflugsboot ab, dann geht es mit der Elektrobahn über die Insel. Selbstentdecker übernachten entweder in einem Hotel auf Veli Brijun oder laden sich die App Brijuni Pocket Guide runter. Zu sehen gibt es Dino-Spuren am Hafen, ein römisches Kastrum und ein Tito-Fotomuseum. Im »Safari park« harren eine Handvoll Kreaturen aus Titos einstigem Privatzoo aus, darunter eine einsame Elefantendame sowie der etwa 60 Jahre alte Kakadu Koki, dem der Marschall persönlich das Fluchen beigebracht haben soll. www.np-brijuni.hr, ab 250 HRK, erm. ab 125 HRK (Nebensaison und Besichtigung via App vergünstigt).

8 Pula

Römische Baukunst und Istriens kulturelles Herz

Einst Schauplatz spektakulärer Gladiatorenkämpfe: Pulas römisches Amphitheater

Information

- TZG, Forum 3, 52000 Pula, Tel. 052/ 21 91 97, www.pulainfo.hr/de, April–Sept. 8–22, Okt.–März 9–16 Uhr
- Parken siehe S. 43

Pula ist mit 57 000 Einwohnern Istriens größte, älteste und kulturell wie wirtschaftlich bedeutendste Stadt. Vom antiken Pola zeugen neben dem berühmten, 2000 Jahre alten Amphitheater u. a. der Forumsplatz samt Augustustempel, der Sergier-Triumphbogen oder ein verstecktes römisches Bodenmosaik. Über der Altstadt thront auf einem Hügel das von den Venezianern im 17. Jh. errichtete Kastell.

Im 19. Jh. erlebte Pula als wichtigster Kriegshafen der Donaumonarchie eine Blütezeit: Bis heute erinnern 26 mehr oder weniger gut erhaltene Forts und Festungen daran. Pula zog auch Gäste wie den irischen Schriftsteller James Joyce an, der hier zeitweise als Englischlehrer für Marineoffiziere arbeitete. Als Denkmal sitzt Joyce nahe dem Sergier-Triumphbogen am Kaffeetisch.

An die Opfer des Ersten Weltkriegs – und des untergegangenen Dampfschiffs »Baron Gautsch« – erinnert der Alte Marinefriedhof im Stadtteil Stoja. Dass die Puljani, wie sich die Bewohner nennen, keineswegs Gefahr laufen, ihre Stadt den Urlaubern zu überlassen, beweist ein Besuch in der trubeligen

Plan
S. 38/39

Tržnica-Markthalle, einem Schmuckstück aus K.u.k.-Zeiten. In der autofreien Altstadt lässt es sich wunderbar flanieren, bummeln und einkaufen. Nach Sonnenuntergang glitzern im Hafen die Kräne der Schiffswerft Uljanik mit den Lichtern der Stadt um die Wette.

ADAC Spartipp

Wolken auf Beinen, abends stimmungsvoll beleuchtet: Beim Bummel durch den **Verudela Art Park** geht es gratis zu acht Skulpturen zeitgenössischer Künstler.
Verudela, zwischen dem großen Parkplatz und dem Strand Ambrela

Sehenswert

1 Amfiteatar

| Antikes Theater |

3 *2000 Jahre alte, großartige Spielstätte aus römischer Zeit*

Pulas römisches Amphitheater aus dem 1. Jh., von den Einheimischen kurz Arena genannt, ist das Wahrzeichen der Stadt, eine UNESCO-Weltkulturerbestätte und das wohl bedeutendste antike Bauwerk Kroatiens. Das imposante Kalksteingebäude gehört mit seinem ovalen Grundriss von 132 auf 105 m zu den sechs größten Freilichttheatern der römischen Zeit und zu den am besten erhaltenen: Die bis zu 32 m hohe Fassade aus mehrstöckigen Arkadenreihen ist noch intakt.
Etwa 23 000 Zuschauer amüsierten sich hier einst bei Gladiatoren- und Tierkämpfen. Heute ist das Oval eine spektakuläre Location für Pop- und Klassikkonzerte internationaler Stars und diverse Festspiele (S. 128). In den Katakomben der Arena sind Ausrüstungsgegenstände von Gladiatoren untergebracht sowie eine sehenswerte Dauerausstellung zum Wein- und Olivenanbau im Römischen Reich.

■ Flavijevska ulica, www.ami-pula.hr, April, Okt. 8–20, Mai, Sept. 8–21, Juni–Aug. 8–22, Nov.–März 9–17 Uhr, 70 HRK, erm. 35 HRK

2 MEMO

| Museum |

4 *Erinnerungen an Jugoslawien im »Museum of good Memories«*

Eine unpolitische Zeitreise ins jugoslawische Pula der 1950er- bis 1980er-Jah-

Pula
a
b
c
1
2
3
4
5
Uljanik-Werft
4
Augustustempel
Puljski zaljev
Kirche Unserer lieben Frau vom Meer
Revelanteova ul.
Ul. Maria Lussi
Ul. Agnana
Ul. Svetog Polikarpa
Bečka ul.
Ul. Rikarda Katalinića Jeretova
Ul. M. Gupca
Ul. G. Graza
Mornarički trg
Mornarički park
Ul. Alda Negrija
Tomasinijeva ul.
Rizzijeva
Kochova ul.
Ul. L. Posavskog
Posavskog
Kupelwieserova ul.
Stoja
Alter K.u.k.-Marinefriedhof
10
Uskočka ul.
Osječka
Brijunska
ul.
Ul. Ljudevita
6
Aquarium (3 km)

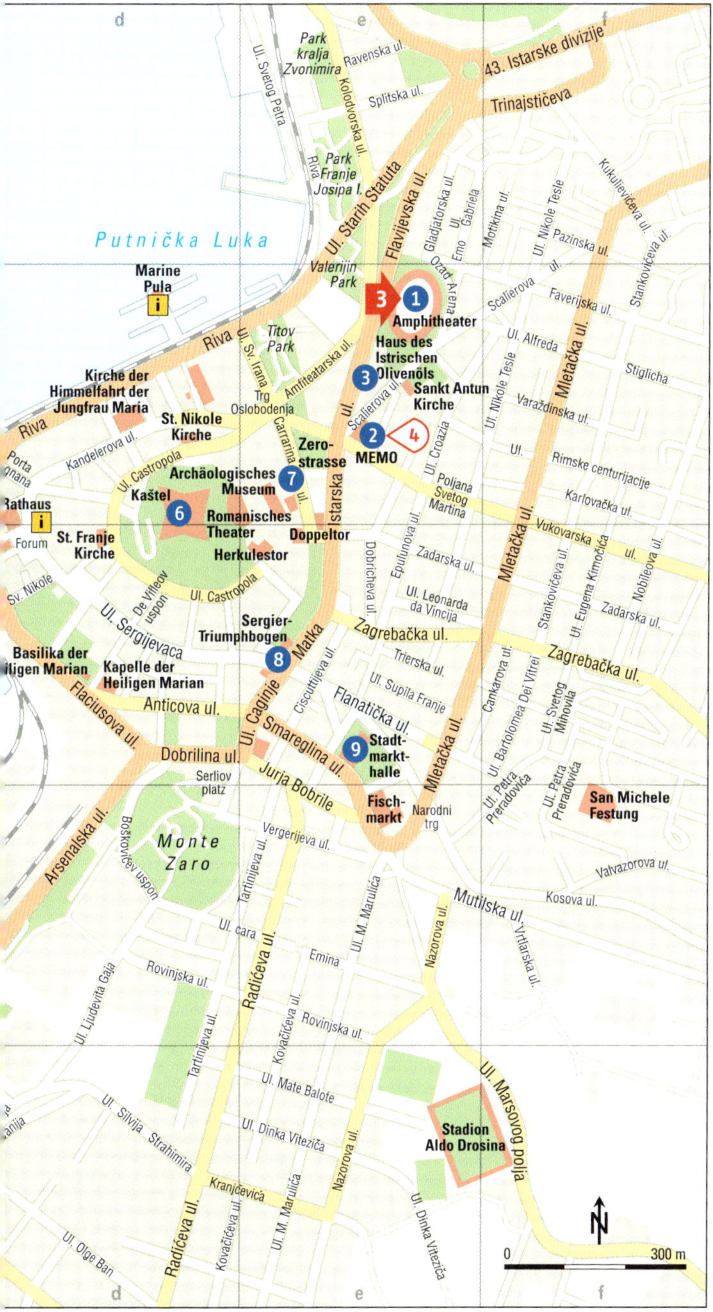
Putnička Luka
Marine Pula
Park kralja Zvonimira
Park Franje Josipa I.
Valerijin Park
Titov Park
Amphitheater
Haus des Istrischen Olivenöls
Sankt Antun Kirche
MEMO
Zero-strasse
Kirche der Himmelfahrt der Jungfrau Maria
St. Nikole Kirche
Archäologisches Museum
Kaštel
Romanisches Theater
Doppeltor
Herkulestor
Rathaus
Forum
St. Franje Kirche
Sergier-Triumphbogen
Basilika der Heiligen Marian
Kapelle der Heiligen Marian
Stadtmarkthalle
Fischmarkt
Narodni trg
Serliov platz
Monte Zaro
San Michele Festung
Stadion Aldo Drosina
Riva
Ul. Svetog Petra
Kolodvorska ul.
Ravenska ul.
Splitska ul.
43. Istarske divizije
Trinajstićeva
Ul. Starih Statuta
Flavijevska ul.
Gladjatorska ul.
Ul. Emo Gabriela
Motikina ul.
Ozad Arena
Ul. Nikole Tesle
Pazinska ul.
Kukuljevićeva ul.
Stankovićeva ul.
Scalierova ul.
Faverijska ul.
Ul. Alfreda Stiglicha
Mletačka ul.
Varaždinska ul.
Rimske centurijacije
Karlovačka ul.
Vukovarska ul.
Amfiteatarska ul.
Ul. Sv. Ivana
Trg Oslobodenja
Carrarina ul.
Istarska
Ul. Croazia
Poljana Svetog Martina
Kandelerova ul.
Ul. Castropola
Porta Gemina
Epulunova ul.
Dobricheva ul.
Zadarska ul.
Ul. Leonarda da Vincija
Ul. Eugena Kimočića
Nobileova ul.
Sv. Nikole
De Villeov uspon
Ul. Sergijevaca
Matka
Zagrebačka ul.
Trierska ul.
Ul. Supila Franje
Flanatička ul.
Ciscuttijeva ul.
Cankarova ul.
Ul. Bartolomea Dei Vitrei
Ul. Svetog Mihovila
Ul. Petra Preradovića
Flaciusova ul.
Anticova ul.
Ul. Caginje
Smareglina ul.
Dobrilina ul.
Jurja Bobrile
Vergerijeva ul.
Arsenalska ul.
Boškovićev uspon
Tartinijeva ul.
Ul. M. Marulića
Nazorova ul.
Mutilska ul.
Vrtlarska ul.
Valvazorova ul.
Kosova ul.
Ul. cara
Emina
Rovinjska ul.
Radićeva ul.
Ul. Ljudevita Gaja
Kovačićeva ul.
Ul. Mate Balote
Ul. Dinka Vitezića
Ul. Marsovog polja
Ul. Silvija Strahimira
Kranjčevića
Ul. Olge Ban
0
300 m
N
d
e
f

Pulas Augustustempel ist ein wunderbares Beispiel der frühkaiserlichen Baukunst

re erleben Besucher in diesem nett gemachten Privatmuseum südlich der Arena: Im quietschgelben »Fićo« Zastava 750 (die Jugo-Variante des Fiat 600) darf man sich hinter dem Steuer fotografieren lassen, in der Friseurecke unter einer Retro-Trockenhaube. Anfassen und Ausprobieren ist hier sogar erwünscht! Küche, Wohnzimmer, Post, Klassenzimmer mit Pioniersuniform – alles noch genau wie damals.

■ Scalierova 4, www.memo-museum.com, Sommer Mo–Fr 10–20, Sa 10–14 Uhr, Dez.–Feb. geschl., 40 HRK

3 Museum Olei Histriae

| Museum mit Laden |

Wie sich natives Olivenöl geschmacklich von nur vermeintlich naturbelassenem unterscheiden lässt, lernt man im privat betriebenen Museum Olei Histriae in Pulas Altstadt. Schautafeln und Audioguides beschreiben die Ölproduktion in Istrien, im modernen Shop kann man unter Anleitung einer Sommelière kosten und Öl von Herstellern aus ganz Istrien erwerben.

■ Istarska 30, www.oleumhistriae.com, März–Mai, Okt.–Dez. 10–18, Juni, Sept. 9.30–20, Juli, Aug. 9.30–22 Uhr, inkl. Audioguide 50 HRK, erm. 25 HRK (ohne Degustation)

4 Uljanik-Werft

| Lichtspektakel |

»Leuchtende Giganten« nennt sich das Projekt des Lichtdesigners Dean Skira: Er lässt nachts die Kräne der Schiffswerft Uljanik, die auf einem Eiland im Hafen von Pula in den Himmel ragen, in bunten Farben erstrahlen. Tagsüber gehen auf dem einstigen Oliveninselchen – genau ein Baum wurde symbolisch verschont – etwa 4500 Menschen ihrer Arbeit nach. Den Grundstein für die ursprünglich von der österreichischen

Kriegsmarine gegründetem Werft legte 1856 Kaiserin Elisabeth alias Sisi.

■ Nach Einbruch der Dunkelheit bis 22 Uhr (Juni–Sept. bis 24 Uhr) zur vollen Stunde jeweils 15 Min., z. B. von der gegenüberliegenden Riva-Promenade aus

5 Augustov hram (Forum)

| Antiker Tempel |

5 *Römisches Monument auf einem Stadtplatz aus der Antike*

Das in der Antike angelegte und von Patrizierhäusern gesäumte Forum ist noch heute Pulas schönster Stadtplatz. Der eleganteste Hingucker ist der auf einem Podium ruhende Augustustempel aus dem 1. Jh., dessen Vorhalle von sechs korinthischen Säulen getragen wird. Er war dem gleichnamigen Kaiser und der Göttin Roma geweiht. Die Kultstätte wurde im Mittelalter als Getreidespeicher genutzt und im Zweiten Weltkrieg stark beschädigt.

Im kleinen Innenraum sind heute Fragmente antiker Statuen ausgestellt, darunter ein auf dem Forum entdeckter marmorner Kaiserfuß. Nebenan stand einst ein identischer, der Göttin Diana geweihter zweiter Tempel. Dessen einzige verbliebene Wand wurde in den angrenzenden venezianischen Kommunalpalast – das heutige Rathaus (»Gradska vijećnica«) – integriert.

■ Forum bb, www.ami-pula.hr, April, Okt. 9–19, Mai, Juni, Sept. 9–21, Juli, Aug. 9–23 Uhr, 10 HRK, erm. 5 HRK

ADAC Spartipp

In einem Hinterhof in der Altstadt liegt ein frei zugängliches, hervorragend erhaltenes **römisches Bodenmosaik** aus dem 3. Jh. versteckt. Das 12 x 6 m große Kunstwerk schmückte einst den Boden einer Patriziervilla und zeigt u. a. die Bestrafung Dirkes. Diese quälte der griechischen Mythologie zufolge aus Eifersucht ihre Nichte – und Zeus' Geliebte – Antiope.

Ul. Benediktinske opatije 13, Schildern mit »rimski mozaik« folgen, Zugang frei (Ul. Sergijevaca 18)

6 Kaštel

| Burghügel |

Das Kastell thront auf dem einstigen römischen Kapitol und bietet einen Panoramablick über Altstadt und Hafen. Die Venezianer errichteten die Burg im 17. Jh., heute ist darin das Historische und Maritime Museum Istriens untergebracht. Zu sehen gibt es neben der Sammlung zu Stadtgeschichte, Schiffsbau und Seewesen alte Fotos und Fotoapparate sowie historische Apothekeneinrichtungen.

■ Povijesni i pomorski muzej Istre (PPMI), Gradinski uspon 6, www.ppmi.hr, Okt.–März 9–17, April–Sept. 9–21 Uhr, 20 HRK, erm. 5–10 HRK, bis 5 Jahre frei

7 Zerostrasse

| Historischer Tunnel |

Im Bauch des Burghügels verbirgt sich die »Zerostrasse«, ein unterirdisches Tunnelsystem, das die Österreicher vor dem Ersten Weltkrieg anlegten und die Italiener später ausbauten. Im Angriffsfall sollten bis zu 45 000 Menschen in dem Labyrinth Zuflucht finden.

■ Carrarina ul. 3 a, April–Sept. 9–21, Okt.–März 9–17 Uhr, 40 HRK (inkl. 2 Museen)

8 Sergier-Triumphbogen

| Antikes Stadttor |

Zu Beginn der Sergijevaca-Flanierstraße am Trg Portarata findet sich der mit Reliefs und korinthischen Kapitellen geschmückte, prächtige Torbogen Slavoluk Sergijevaca. Errichtet wurde er etwa 27 v. Chr. von der Bürgerin Salvia Postuma Sergia zu Ehren ihrer Brüder, die in einer Seeschlacht gefallen waren. Das einstige Haupttor des römischen »Pola«, auch als Porta Aurea (Goldenes Tor) bekannt, ist ein Überbleibsel der inzwischen verschwundenen antiken Stadtmauer.

9 Stadtmarkthalle

| Lebensmittelmarkt |

Pulas »Tržnica« ist ein architektonisches Schmuckstück aus der Habsburger Zeit und ein beliebter Treffpunkt am Volksplatz Narodni Trg am Rand der Altstadt. Auf diversen Etagen der 1903 im Wiener Sezessionsstil errichteten, luftig-eleganten Stahl-Glas-Konstruktion kann man sich mit Fisch, Obst und Gemüse oder Rakija-Schnaps eindecken.

■ Narodni trg 9, www.trznica-pula.hr, Mo–Sa 7–14, So, Fei 7–12 Uhr

10 Alter K.u.k.-Marinefriedhof

| Park und Gedenkstätte |

Der ehemalige österreichisch-ungarische Marinefriedhof Mornaričko groblje erinnert mit imposanten Grabmälern an alte K.u.k.-Marineangehörige, die hier »in treuer Pflichterfüllung den Seemannstod« fanden. Auch die Opfer der »Baron Gautsch«: Das K.u.k.-Prachtschiff war am 13. August 1914 von Montenegro nach Triest unterwegs, als der Kapitän es vor den Brijuni-Inseln versehentlich in ein Seeminenfeld der eigenen Kriegsmarine steuerte. Der Luxusdampfer sank innerhalb weniger Minuten, 147 Menschen verloren ihr Leben. Heute stellen die Überreste ein beliebtes Ziel für Wracktaucher dar.

■ Stoja 14, Buslinien 1, 4 und 6 bis »Mornaričko groblje«, tgl. bis Sonnenuntergang

Verkehrsmittel

Pulas Altstadt lässt sich gut zu Fuß erkunden. Sportliche entdecken Pula mit der App SightRun, die Läufer über 5 km an Sehenswürdigkeiten vorbeiführt. Das Auto stehenzulassen (»Parken«, S. 43) und mit dem **Bus** ins Zentrum zu fahren kann in den Sommermonaten die entspanntere Option sein (Einzelfahrkarten an den Kiosks von iNovine, Fahrpläne: www.pulapromet.com). Die Vorortlinien fahren z. B. nach Fažana und Vodnjan im Norden sowie südwärts bis Medulin oder Premantura (Einzelkarten zwischen 11 und 25 HRK, beim Busfahrer gegen Bargeld erhältlich). Eine **Taxifahrt** (Cammeo, Tel. 052/313313, www.cammeo.hr) schlägt mit einem Grundbetrag von 7 HRK zuzüglich 7 HRK pro Kilometer zu Buche (22–5 Uhr, und an Feiertagen wird ein Aufschlag von 20 % erhoben). Der Fixpreis zum bzw. vom Flughafen liegt mit Cammeo bei ca. 100 HRK.

ADAC Spartipp

Wer kann, sollte die Monate Juli und August möglichst meiden. Dann erreichen die **Hotelpreise** in Lieblingsorten wie Rovinj ihren Höhepunkt, zudem sind Parkplätze in Altstädten und Strandnähe dann Mangelware. Und in beliebten Restaurants muss ein Tisch manchmal sogar mehrere Tage im Voraus reserviert werden. Entspannter, aber noch mit Badewetter gesegnet sind Juni und September. Zudem kann man außerhalb der Hauptsaison – mit ein wenig Glück – sogar in den besten Luxushotels zu angemessenen Preisen übernachten.

Das Unternehmen PulaBike liefert **Mountainbikes** für die Stadterkundung direkt in die Unterkunft (bis 10 km kostenlose Zustellung, ab 100 HRK/Tag, www.pulabike.hr, Tel. 977 37 80 77). Zu den wichtigsten Sehenswürdigkeiten verkehrt der rote **Doppeldeckerbus**: Das Ticket gilt 24 Std. (100 HRK, erm. 5–15 Jahre 50 HRK, Kinder unter 5 Jahren frei) und berechtigt zum beliebigen Ein- und Aussteigen an einem der sieben Stopps (www.pulacitytour.com), z. B. an der Arena.

Vom 6 km östlich der Stadt gelegenen Flughafen fährt ein **Shuttlebus** zum Fernbus-Bahnhof Pula (30 HRK). Weitere Shuttlebus-Ziele sind Medulin, Fažana, Rovinj, Poreč, Novigrad, Umag und Rabac Der Fahrpreis liegt bei 45 bis 295 HRK (www.airport-pula.hr).

Pulas **Fernbus-Bahnhof** befindet sich 1,2 km nördlich der Altstadt (Trg I. Istarske brigade 1, Verbindungen in andere kroatische Städte gibt es z. B. unter www.arriva.com.hr).

Vom **Passagierhafen** (»Trajektna luka«) am Riva-Kai nahe des Amphitheaters legen Schnellboote nach Zadar mit Zwischenstopp auf den Kvarner-Inseln Unije, Susak und Mali Lošinj ab (www.krilo.hr).

Parken

Frühmorgens können Sie Ihr Glück am **Parkplatz Karolina** in unmittelbarer Nähe zum Amphitheater probieren (Trg Nimfeja, Juni–Sept. 8 HRK/Std., Okt.–Mai 4 HRK/Std., 200 HRK/Tag). Das **Parkhaus** ist sehr zentral gelegen (Giardini 13, Zufahrt aus der Ul. Dobrićeva, 15 HRK/Std., Tageskarte 150 HRK). **Bezahlparkplätze** sind Juni–Sept. tgl. von 7–22 und Okt.–Mai Mo–Sa (Feiertage ausgeschlossen) von 7–20 Uhr kostenpflichtig. Einen Überblick über die Parkzonen gibt es unter www.pulaparking.hr/interaktivna, die weiße Zone ist die teuerste.

Pulas Jugendstilmarkthalle am Narodni trg ist ein Erbe aus der K.u.k.-Zeit

Restaurants

€€ | Kažun Die geräumige, traditionell eingerichtete Konoba bietet istrische Klassiker wie etwa »ombolo« (zartes Schweinekarree). Am Rand einer Ausfallstraße nördlich des Zentrums gelegen, kinder- und hundefreundlich, Parkplätze vorhanden. ■ Prekomorskih brigada 31 (Eingang via Vitasovićeva 2), Tel. 052/223184, http://kazun.incroatia.info, Plan S. 38/39, nordöstl. f1

€€€ | Milan Das Lokal im Stadtteil Stoja vis-á-vis des Alten Marinefriedhofs

Die im 19. Jh. errichtete Festung Verudela beherbergt heute das Aquarium von Pula

ist eine zuverlässige, elegante Adresse für Fisch und Meeresfrüchte mit gut sortierter Weinkarte und Olivenöl aus eigenem Anbau. Reservierung empfohlen. ■ Stoja 4, Tel. 052/30 02 00, www.milanpula.hr, Plan S. 38/39, a5

Cafés

Galerija Cvajner Das Café in einer ehemaligen Bankfiliale am Forumsplatz bietet sich für einen entspannten Kaffee oder Drink an. Die hohen Wände sind mit herrlichen Wandfresken aus K.u.k.-Zeiten und zeitgenössischen Kunstwerken verziert. ■ Forum 2, 8–22 Uhr, Plan S. 38/39, d3

Kneipen, Bars und Clubs

Uljanik Der nach der örtlichen Werft benannte Club ist ein Epizentrum der istrischen Rockkultur: Gegen Ende der 1970er-Jahre hatte in dem einstigen sozialistischen Jugendzentrum u. a. die im ex-jugoslawischen Raum gefeierte Hardrock-Band »Atomsko Sklonište« (Atombunker) ihre ersten Auftritte. Heute geben regionale Bands wie die Folk-Rocker Gustafi aus Vodnjan oder Let 3 aus Rijeka Konzerte, aufgelegt wird auch Popmusik. Ü-40-Publikum versammelt sich in unregelmäßigen Abständen auf den sogenannten Generationentreffen-Partys (»susret generacija«). ■ Dobrilina 2, www.facebook.com/Uljanik, Plan S. 38/39, d3

Kinder

6 **Aquarium** Keineswegs ein kommerzieller Vergnügungspark, sondern ein sehr informatives Meerestierforschungszentrum erwartet die

Besucher des Aquariums in Pula, dem größten des Landes. In einer ehemaligen K.u.k.-Festung auf der Halbinsel Verudela schwimmen in 60 Meerwasserbecken hauptsächlich heimische Tiere wie Seepferdchen, Ohrenquallen oder Katzenhaie umher.
In einer Auffangstation werden verletzte Meeresschildkröten aufgepäppelt, die Tiere sind vom Aussterben bedroht. Wer eine Patenschaft übernimmt, kann mitverfolgen, wenn der eigene Schützling in die Freiheit zurückgelassen wird – alljährlich am Weltschildkrötentag am 23. Mai. Vom Dach der Festung mit einer 20 t schweren Kuppel genießt man eine wunderbare Aussicht! ■ Verudela bb, Tel. 052/ 38 14 02, www.aquarium.hr, Nov.–März 9–16, April 9–18, Mai, Okt. 9–20, Juni–Sept. 9–21/22 Uhr, 130 HRK, erm. 70–100 HRK, Buslinien 2 a und 3 a bis zur Endhaltestelle, Plan S. 38/39, südl. c5

Events

Antike Historienspiele Das Festival Pula Superiorum lässt alljährlich Mitte Juni die Römerzeit wiederauferstehen – mit Gladiatorenkämpfen in der Arena und diversen Performances in der Altstadt (www.pulasuperiorum.com). Einen Einblick in die Antike bietet auch die Reihe Spectacula Antiqua, bei der von Juni bis September – mit Ausnahme der Dauer des Filmfestivals – einmal wöchentlich Gladiatoren ihr Comeback in der Arena feiern. ■ www.spectaculaantiqua.com, 80 HRK, erm. 40 HRK, unter 3 Jahren frei

Pula Filmfestival Mitte Juli werden bei der ältesten Filmschau des Landes u. a. im römischen Amphitheater internationale Produktionen gezeigt. ■ www.pulafilmfestival.hr

9 Medulin

Istriens längster Sandstrand lässt nicht nur Kinderherzen höher schlagen

Information

■ TZO (Tourismusverband der Gemeinde), Brajdine 41, 52203 Medulin, Tel. 052/ 57 71 45, www.tzomedulin.org

Der Badeort (6500 Einw.) an Istriens Südspitze ist das Herzstück der sogenannten »Riviera von Medulin« und war früher ein Fischerdorf. Doch längst prägen Hotels, Privatzimmer, Apartments, Restaurants und Souvenirläden die angenehme Strandpromenade. Berühmt ist das Touristenzentrum für seine guten Strände und Buchten – vor allem für den 1,5 km langen, flach abfallenden Strand Bijeca. Mit Schatten spendenden Bäumen ist er der bekannteste unter den so raren Sandstränden in Istrien. Die zwei Glockentürme der Kirche, die der hl. Agnes geweiht ist, sind eine Seltenheit!

Sehenswert

Sveta Agneza
| Kirche |
Zwei Kirchtürme sind eine Seltenheit in Istrien: Das der hl. Agnes geweihte Gotteshaus überstrahlt in strahlendem Weiß den Ort. Im Inneren sind Fresken aus dem 15. Jh. zu bestaunen.
■ Im Sommer 9–12, 17–21 Uhr, sonst im Pfarrhaus nach dem Schlüssel fragen

Sport

An der **Riviera von Medulin** gibt es neun offizielle Radrouten, mehrere Tauchzentren, Windsurf- und Kitesurfing-Schulen sowie Tretboot-Verleih an den größeren Stränden.

In der Umgebung

Nezakcij

| Ausgrabungsstätte |

Die einstige Hauptstadt der Histrier, ein Volk der Seefahrer, wurde 177 v. Chr. von den Römern eingenommen und als Nesactium neu gegründet. Noch erhalten sind die Grundmauern einer frühchristlichen Basilika, der Therme und mehrerer Gebäude. Die Ausschilderung ist leider dürftig. Die Anreise erfolgt am Flughafen Pula vorbei in Richtung Valtura (ausgeschildert)

■ Sommer 9–12, 16–20, Winter 9–12, 14–17 Uhr, Eintritt frei

10 Kap Kamenjak

4 *Naturschutzgebiet und Paradies für Naturliebhaber und Surfer*

Information

■ Javna ustanova Kamenjak (öffentliche Einrichtung), Selo 120, Premantura, Tel. 052/57 52 87, www.kamenjak.hr, Zugang zum Schutzgebiet 7–22 Uhr, kostenlos für Fußgänger und Radler, Tageskarte für Autofahrer 80 HRK, 3-Tages-Karte 180 HRK

Südöstlich von Pula erstreckt sich das Kap Kamenjak (Rt Kamenjak), dessen etwa 6 km lange und 1 km breite Südspitze mit den vorgelagerten Inseln unter Naturschutz steht (Donji Kamenjak i Medulinski arhipelag). Ausgangspunkt für Ausflüge in die wildromantische, von dichter Macchia überzogene Felslandschaft ist der kleine Ferienort Premantura mit seinen etwa 800 Einwohnern – die einzige Ortschaft der Landzunge und zugleich die südlichste Istriens. Wegen der vor allem im Frühjahr und Herbst herrschenden starken Winde sind die Strände u. a. bei Windsurfern beliebt (Vorsicht: Im Süden gibt es ablandige Strömungen). Zu den mehr als 500 Pflanzenarten, die auf dem kargen Kalksteinboden gedeihen, gehören auch 33 Arten wilder Orchideen. Besonders prächtig zeigt sich die Halbinsel im Frühjahr, wenn die zahlreichen Ginsterbüsche das Land in ein leuchtendes Gelb tauchen.

Cafés

Safari Bar Chillige Strandbar, versteckt im Schilf mit Aussichtsturm. Es gibt Sangria, Sardinen und Ćevapčići sowie Schaukeln und Spielgelegenheiten für Kinder. ■ Kap Kamenjak, Strand Mala Kolombarica (ausgeschildert), 8–22 Uhr

Kinder

Dinosaurier-Lehrpfad Ein 600 m langer Dinosaurier-Lehrpfad führt zu Fußabdrücken eines Dinosauriers (am Kap Grakalovac nahe des Penižule-Strandes). Schilder und Dino-Skulpturen weisen den kindgerechten Weg.

Gefällt Ihnen das?

Einen Abguss der Dino-Fußstapfen von den Brijuni-Inseln gibt es im **Naturhistorischen Museum** in Rijeka (S. 81) zu sehen. Das **Dino-Multimedia-Zentrum** Ulika in Bale informiert über Dinos (S. 65), und wer »echte« Urzeitriesen erleben mag, findet diese im **Dinopark** in Funtana (S. 28).

11 Rabac

Badeort mit Hotelpromenade, Stränden und gutem Wind für Surfer

Information

- Zuständig ist die TZ Labin (S. 67)

Tief unter Labin schmiegt sich das einstige Fischerdorf Rabac mit 1400 Einwohnern, das zur Gemeinde Labin gehört, in eine kleine Bucht. Rabac ist das bedeutendste Urlaubszentrum an der Ostküste Istriens. Zahllose Apartmentanlagen ziehen sich den dicht bebauten Hang hinauf, im Süden sind die Hänge jedoch von dichtem Grün bedeckt. Herz des Badeortes ist die Uferpromenade, wo es sich an Cafés, Restaurants und Eisdielen vorbei schön entlangbummeln lässt. Der ca. 2,5 km lange Spazierweg verbindet die großen Hotelanlagen miteinander und führt an den beliebtesten Stränden vorbei: Maslenica (beim Hotelkomplex Mimosa), St. Andrea (beim Hotel Miramar), dem überaus populären Strand Lanterna (bei der gleichnamigen Ferienanlage) und dem Strand Girandella (beim gleichnamigen Hotel). An allen Strandabschnitten gibt es Liegestühle, Sonnenschirme, Tretboote und ein vielfältiges Freizeit- und Sportangebot.

Parken

Die 900 kostenpflichtigen Parkplätze **»Girandella«** sind in der Hauptsaison sehr begehrt (4 HRK/Std., 20 HRK/Tag).

Wandern

Der schattige markierte »**Wanderweg der Göttin Sentona«** (Sentonina staza), der nach der Schutzpatronin der Reisenden benannt ist, führt steil ins malerische Labin hinauf. Kleine Brücken überqueren den Bach Pećina, der sich in einem Wasserfall ergießt. Zurück geht es mit dem Bus (ca. 4 km, Dauer: 1,5–2 Std., trittsichere Schuhe!).

Ein Badetag am Kap Kamenjak lässt sich gut mit dem Dinosaurier-Lehrpfad verbinden

Übernachten

Istriens zerklüftete Westküste gehört zu den touristisch am besten erschlossenen Urlaubsgebieten Kroatiens und bietet ein reiches Unterkunftsangebot mit Sport- und Freizeitmöglichkeiten. Ferienanlagen von Hotelgruppen wie Meliá Hotels International (Umag), Valamar (Poreč) und Maistra (Rovinj) prägen die Region ebenso wie Boutique-Hotels, Ferienwohnungen, Hostels und Campingplätze, darunter einige FKK-Angebote. Kroatien ist keine Billig-Destination. Faustregel: Je näher das Meer, umso teurer die Unterkunft. Das gilt vor allem für die Monate Juli und August, wenn die Hotelpreise rapide ansteigen! Tipp: Viele Luxushotels bieten in der Nebensaison faire Preise, mitunter sogar Schnäppchen. Auf einem sehr hohen Preisniveau bewegt sich Rovinj, insbesondere in der Hauptsaison.

Umag 18

€€ | **Sol Umag** Komfortable Hotelanlage mit gut 200 geräumigen Zimmern, Meerblick, Pool, Wellnessbereich, Kids Club und Zugang zu Tennisplätzen. ■ Jadranska bb, 52470 Umag, Tel. 062/714000, www.melia.com

€€ | **Zlatna Vala** Familiengeführtes Hotel mit Restaurant am Strand, ungefähr 4 km südlich von Umag. ■ Sveti Ivan 45, 52470 Umag, 052/756060, www.zlatna-vala.hr

Novigrad 20

€€ | **Aminess Laguna Hotel** Gepflegte Hotelanlage in unmittelbarer Strandnähe mit Pool, Animation und Terrassenmusik. 10 Minuten zu Fuß in die Altstadt. ■ Terre 4, 52466 Novigrad, Tel. 052/858600, www.aminess.com

€€ | **Pansion Kolo** Kinderfreie Pension mit geräumigen Balkonzimmern, Swimmingpool und Restaurant in einer ruhigen Lage ca. 3 km vom Zentrum entfernt. ■ Kršin 37, 52466 Novigrad, Tel. 052/758658, www.facebook.com/pg/pansionkolonovigrad

Poreč 22

€€ | **Hotel Plavi** Renoviertes Hotel mit 214 Zimmern in der großen Ferienanlage Plava Laguna am Meer. Mit Pool und Halbpension – zu fairen Preisen. ■ Zelena Laguna, 52440 Poreč, Tel. 052/700700, www.plavalaguna.com

€€€ | **Boutique Hotel Mauro** Das historische Haus an der Uferpromenade verwöhnt mit Nostalgie und Komfort. ■ Obala maršala Tita 15, 52440 Poreč, Tel. 052/219500, www.hotelmauro.com

Vrsar 27

€€ | **Resort Belvedere** Große Anlage mit komfortablen Zimmern im Zentralbau und in Apartmentpavillons, umgeben von gepflegtem Garten mit Pool und Restaurant in unmittelbarer Strandnähe. ■ Petalon 1, 52450 Vrsar, Tel. 052/800250, www.maistra.hr

Rovinj 30

€€€ | **Island Hotel Katarina** Schön auf der gleichnamigen autofreien Insel gegenüber der Altstadt von Rovinj gelegen (Gratis-Bootshuttle), umgeben von einer gepflegten Gartenanlage. Mehrere Badestrände, Pool, Restaurant, schöne Frühstücksterrasse. ■ Otok Sveta Katarina 1, 52210 Rovinj, Tel. 052/80 02 50, www.maistra.com

€€€ | | Lone In dem preisgekrönten Fünf-Sterne-Designhotel logiert man nobel und zugleich lässig: Vom raumschiffartigen Gebäude bis zu den futuristischen Holzmöbeln wurde alles von kroatischen Designern entworfen. Die Anlage befindet sich im Eichenwald am Kap Zlatni rt. ■ Luje Adamovića 31, 52210 Rovinj, Tel. 052/80 02 50, www.maistra.com

Pula 36

€€€ | | Park Plaza Histria Größte Ferienanlage der Halbinsel Verudela (368 Zimmer) mit Blick auf den Jachthafen, Restaurants, Casino, Tennisplätzen und Pools. ■ Verudela 17, 52100 Pula, Tel. 052/59 00 00, www.parkplaza.com

Kap Kamenjak 46

€€ | Villa Lena Freundlicher Apartmentkomplex mit Pool am Ortseingang, gepflegten Apartments und Zimmern zu moderaten Preisen. ■ Paredine 4 a, 52100 Premantura, Tel. 052/57 52 22, www.vilalena.com

Rabac 47

€€ | Nostromo Gemütliches familiäres Hotel mit acht Zimmern und Apartments sowie einem Restaurant mit frischen Produkten und regionalen Gerichten. Top ist der Meerblick aus dem oberen Stock! ■ Obala maršala Tita 7, 52221 Rabac, Tel. 052/87 26 01, www.nostromo.hr

€€€ | Tui Blue Bellevue Modernes Familienresort am Hang mit Meerblick, Poollandschaft und Animationsprogramm für Kinder. ■ Ul. slobode 86, 52221 Rabac, Tel. 052/46 50 00, www.valamar.com

ADAC Das besondere Hotel

Leuchtturm Savudrija Wer sich nach einem ruhigen Urlaub sehnt, wird im alten Leuchtturm am nordwestlichsten Kap Istriens glücklich: Dort, wo die örtlichen Fischer ihre Boote traditionell zum Trocknen auf Gestänge über dem Wasser aufhängen – ein beliebtes Fotomotiv –, ragt der 1818 erbaute und damit dienstälteste Leuchtturm der Adria empor. Vier Apartments bieten Platz für je drei bis vier Personen.
€€ | Svetioničarska ul. 1, 52475 Bašanija (1 km südl. von Savudrija), Vermieter: Staatliche Gesellschaft Plovput, Tel. 021/ 39 06 09, www.lighthouses-croatia.com

Das Landesinnere Istriens

Ein Paradies für Genießer: Im hügeligen Hinterland werden Feinschmekker, Kunstsinnige, Sportler und Ruhesuchende glücklich

Im istrischen Hinterland erhebt sich ein durch Flusstäler gegliedertes welliges Plateau, auf dessen Anhöhen mittelalterliche Festungsstädtchen wie Motovun und das durch eine Künstlerkolonie neu belebte Grožnjan oder das verwunschene Oprtalj thronen. Sie bieten fantastische Ausblicke auf das grüne Mirna-Tal mit seinen trüffelreichen Eichenwäldern und fruchtbaren Weinbergen. Buzet, das selbst ernannte »Trüffelstädtchen«, und Buje thronen ebenfalls auf Hügelspitzen.

Geografisch so ziemlich genau in der Mitte Istriens hat Pazin, die Verwaltungshauptstadt der Region, eine spektakuläre Burg über einer mysteriösen Schlucht zu bieten. Die regionale Küche verwöhnt mit dem Besten aus Meer und Bergen wie Trüffel, ausgezeichnetem Olivenöl und wunderbaren Weinen. Auch die Herzen von Wanderern, Mountainbikern und Kletterfreunden schlagen hier höher.

Bizarre Karstformationen mit steil abstürzenden Kalkfelsen beeindrucken im Ćićarija-Gebirge entlang der Grenze zum Nachbarland Slowenien. Winzige Ortschaften wie Beram bei Motovun und das rekordverdächtig kleine Hum entzücken mit ihren buckligen Gässchen und altslawischen Kulturschätzen, die daran erinnern, dass sich hier einst ein Zentrum der glagolitischen Literatur befand. Svetvinčenat lockt mit seiner Burg viele Mittelalter-Fans an. All diese wunderbaren Orte prägen das oftmals noch ursprüngliche Landesinnere von Istrien mit seinen Hügeln und Bergkuppen und den glitzernden Olivenbäumen am Wegesrand.

In diesem Kapitel:

ADAC Top Tipps:

5 **Motovun**
| Festungsstadt |

Ein istrisches Burgstädtchen par excellence: Das imposante Motovun hat die am besten erhaltene Stadtmauer der

Halbinsel, thront auf einem ca. 300 m hohen Hügel und bietet eine spektakuläre Aussicht auf die umliegenden Wälder und Weinberge. 60

ADAC Empfehlungen:

7 Grožnjan
| Künstlerdorf |

Der verlassene Ort ist von Künstlern wieder zum Leben erweckt worden – und verzaubert mit seinem bohemehaften Charme. 52

8 Aura, Buzet
| Brennerei |

Besucher erwartet ein besonderes Erlebnis in der Brennerei mit anschließender Verkostung der Edelbrände und Marmeladen. 56

9 Hum
| Bergstädtchen |

Der malerische 30-Einwohner-Ort ist die vermutlich kleinste Stadt der Welt – und wurde der Legende nach von Riesen erschaffen. 56

10 Restaurant Zigante, Livade
| Restaurant |

Das Trüffellokal von Giancarlo Zigante in Livade, der hier 1999 die größte Knolle der Welt aufstöberte, ist eine Institution unter Gourmets. 61

11 Kaštel, Pazin
| Burg |

Abenteuerlich: Die Festung, die über der rätselhaften Schlucht von Pazin thront, inspirierte schon im 19. Jh. Romanautor Jules Verne. 62

12 Sveta Marija na Škriljinah, Beram
| Kirchenfresken |

Renaissance-Graffiti: In dem Friedhofskirchlein verbergen sich knallbunte Wandmalereien aus dem 15. Jh., darunter ein Totentanzzyklus. 63

13 Narodni muzej, Labin
| Museum |

Ein rekonstruierter Mini-Bergstollen demonstriert den einstigen Alltag der Kohlearbeiter. 68

12 Buje

Bergstädtchen mit Alltagscharme und schönem Fernblick

Markant thront das mittelalterliche Buje (2700 Einw.) auf einem 222 m hohen Hügel. Der weite Blick über grüne Terrassen voller Olivenhaine und Weingärten lohnt einen Bummel hinauf. Die Hauptstraße bergaufwärts führt an Cafés und Geschäften vorbei. Buje ist ein Ort, in dem die Einheimischen leben, arbeiten und Espresso trinken – und kein Touristenmagnet. Doch gerade das verleiht ihm seinen authentischen Charme.

Sehenswert

Sveti Servul

| Kirche |

Das fein gestaltete barocke Portal aus istrischem Marmor fällt von außen auf, sonst wirkt die dem Stadtheiligen Sveti Servul (ital. San Servolo) geweihte Kirche eher so, als würde sie eine Restaurierung vertragen. Das lichtdurchflutete Innere überrascht jedoch mit prächtigen Malereien wie einer Stadtansicht (18. Jh.). Der 48 m hohe Campanile nebenan ist eine Kopie des Turms von Aquilea. Von oben eröffnet sich ein traumhaftes Küstenpanorama, das Sie sich nicht entgehen lassen sollten.

Erlebnisse

Kozlović Das Dörfchen Momjan, nördlich von Buje, ist für seine exquisiten Malvasier- und Muskateller-Weine berühmt. Das international erfolgreiche Weingut Kozlović wurde mitten in den Weinberg hineingebaut. Mit Blick auf eine Rebenlandschaft wird hier durch die Keller geführt und ein vorzüglicher Wein verkostet. ■ Vale 78, Momjan bei Buje (außerhalb, ausgeschildert), Tel. 052/77 91 77, www.kozlovic.hr

13 Grožnjan

7 *Von Künstlern wachgeküsstes Bergdorf mit Ateliers und Galerien*

Information

■ TZ, Ul. Umberta Gorjana 3, 52429 Grožnjan, Tel. 052/77 61 31, www.tz-groznjan.hr

Die bemerkenswerte Verwandlung vom verlassenen Bergstädtchen zum bunten Künstlerdorf macht den besonderen Reiz von Grožnjan aus. Das charmante Ensemble mittelalterlicher Gassen und restaurierter Natursteinhäuser thront auf einem Hügel am rechten Ufer der Mirna. Unter Tito waren die Bewohner an die Küste oder ins Ausland abgewandert, das Dorf war praktisch verlassen. 1965 überließ man die leeren Häuser Künstlern zu einem symbolischen Preis, allerdings unter der Auflage, diese zu restaurieren. Die Initiative hatte Erfolg: Heute beherbergt der kleine Ort rund 40 Galerien und ist für seine Sommerakademie für junge Musiker bekannt, die dann in den engen Gassen musizieren. Insbesondere nachmittags und abends kann man mit Glück einem spontanen Konzert beiwohnen.

Sehenswert

Kaštel

| Festung |

Das mittelalterliche Kastell diente den venezianischen Statthaltern, die in Grožnjan knapp 450 Jahre lang das

Nach dem Zuzug von Künstlern blühte das fast vergessene Grožnjan wieder auf

Sagen hatten, ab 1359 als Residenz. Heute bildet es einen stimmungsvollen Rahmen für Sommerkonzerte. Von der Herrschaft der Serenissima zeugen auch Herrenhäuser wie der barocke Spinotti-Morteani-Palast (17. Jh.) an der Hauptgasse Contrada Grande sowie Adelswappen am Stadttor.

Fonticus gradska galerija

| Loggia |

In dem einstigen Fonticus-Getreidespeicher aus dem 16. Jh. mit einer Loggia im Renaissancestil ist heute die städtische Galerie mit wechselnden Ausstellungen untergebracht.

■ Trg lože 3, Tel. 052/77 61 31

Restaurants

€€ | Konoba Oprtalj Auf robusten Bänken genießt man in Oprtalj, 15 km östlich von Grožnjan, unter schattigen Bäumen auf einem Plateau hausgemachte Gnocchi und leckere Pastagerichte. ■ Matka Laginje, 52428 Oprtalj, Tel. 092/299 05 16

In der Umgebung

Oprtalj

| Bergdorf |

Dieses Bergdörfchen (378 m) bewohnten früher mehrheitlich Italiener, die den Ort unter Titos Zeiten allerdings aufgaben. Sie überließen die Natursteinhäuser und Kopfsteingassen im Ortskern sich selbst, heute gibt es dort einige Galerien. Die Stadtloggia aus dem 16. Jh. mit Lapidarium leuchtet rot, mit weißen Bögen. Nebenan, auf dem Plateau vor der Altstadt, fällt der Blick von der Konoba Oprtalj auf die hügelige Landschaft Inneristriens.

Buzet erhebt sich auf einem Felsmassiv am Fuße des Ćićarija-Gebirges

14 Buzet

Mauernumranktes Trüffelstädtchen in reizvoller Lage auf einer Hügelkuppe

Information

■ TZ, Šetalište Vladimira Gortana 9, 52420 Buzet, Tel. 052/66 23 43, www.tz-buzet.hr

Zwei gut erhaltene mittelalterliche Stadttore aus dem 16. Jh. geben den Weg in das beschauliche Städtchen Buzet (5000 Einw.) frei, das auf einem Hügelplateau thront. Entlang der Wehrmauer, die die Venezianer als Schutz vor den vorrückenden Osmanen errichten ließen, öffnet sich ein Panoramablick. Buzet ist selbst ernannte »Trüffelstadt«, der begehrte Edelpilz wird hier im Herbst groß gefeiert.

Sehenswert

Mittelalterlicher Stadtkern

| Altstadt |

Steil führt der Weg an alten Patrizierhäusern und an einer spätbarocken Zisterne vorbei, die steinerne Familienwappen verzieren. Kopfsteingepflasterte Gassen führen zum großzügigen Marktplatz Titov trg mit einer barocken Zisterne (18. Jh.), Patrizierhäusern mit steinernen Familienwappen und der barocken Pfarrkirche Sveta Marija. Die Georgskirche (Sv. Juraj, 17. Jh.) hütet einen Altar aus vergoldetem Holz. Über einer der engsten Gassen Istriens, der Uska ulica (»schmale Straße«), prangt ein Holzschild: »Ku' pasan, pasan«, was ungefähr bedeutet »Wo ich durchpasse, da passe ich durch«.

Zavičajni muzej

| Museum |

Das Heimatmuseum im Palazzo Bigotto neben der Mala vrata präsentiert archäologische Funde aus illyrischer Zeit, Trachten und Haushaltsgeräte. Mehrere Handwerkerhäuser in der Stadt wurden für Besucher hübsch restauriert, etwa die frühere Stadtbäckerei oder die Kammmacherwerkstatt (Anfrage im Museum).

■ Ul. Rašporskih kapetana 5, Mo–Fr 9–15 Uhr, 15 HRK, erm. 10 HRK

Parken

Die Zufahrt durch das sehr schmale Stadttor ist möglich, größere Fahrzeuge parken besser unterhalb. Kostenpflichtige **Parkplätze** gibt es in der Altstadt (Sommer 7–23, Winter 8–20 Uhr).

Grenzenlos schön: das slowenische Istrien

Venezianische Architektur in Piran

Ein Zehntel der istrischen Halbinsel gehört geografisch zur »Dežela«, wie die Slowenen ihr Land liebevoll nennen. Die nur 46 km lange slowenische Riviera veranlasst die Kroaten gerne zu Hänseleien: »Fußballspiele in Slowenien sind immer international, weil ein Tor in Slowenien und das andere in Österreich steht«, lästert man über den kleinen Nachbarn. Slowenische Witzbolde wundern sich wiederum, zu welchem Zweck (das ökonomisch unterlegene) Kroatien ein Finanzministerium unterhält. Politiker beider Seiten befeuern seit Jahrzehnten einen Grenzstreit: Slowenien beansprucht in der Bucht von Piran einen Korridor zur offenen See. Auf persönlicher, Bildungs- und kultureller Ebene findet gleichwohl ein reger Austausch statt, nicht zuletzt weil ein Großteil der Slowenen Kroatisch spricht. Ein reizvolles Ziel, wenn man aus Kroatien anreist, sind die Salinen von Sečovlje: In dem Naturpark in einer Bucht nahe der Grenze wird die Salzgewinnung erklärt. Entlang der langen Riva von Portorož (3000 Einw.) reihen sich gepflegte Hotels mit Wellnessbereich aneinander, die in der Nebensaison Erholung pur versprechen (www.portoroz.si). Als schönstes Städtchen gilt das venezianisch geprägte Piran (18 000 Einw.): Malerisch auf einer Landzunge gelegen, ziehen sich Häuser mit venezianischen Spitzbogenfenstern und bunten Fassaden den Altstadthügel hinauf (www.portoroz.si). Im ehemaligen Fischerstädtchen Izola (11 000 Einw.) schaukeln Motorboote im Hafen, während sich Kopfsteingassen an Palazzi, Kirchen und Wohnhäusern vorbeiwinden (www.visitizola.com). Die sonst eher geschäftige Hafenstadt Koper (25 000 Einw.) überrascht mit einem schmucken Hauptplatz, den ein venezianischer Prätorenpalast flankiert (www.koper.si). Im Hinterland von Koper beeindruckt die romanische Kirche Sveta Trojica (15. Jh.) von Hrastovlje mit einem Freskenzyklus (ähnlich wie in Beram, S. 63). Fast an der Grenze zu Italien, das geografisch immerhin auch ein Prozent Anteil an der Halbinsel Istrien hat, zieht das Lipizzaner-Gestüt in Lipice mit seinen Reitvorführungen Pferdefreunde aus aller Welt an (www.lipice.org). Ein weiterer Publikumsmagnet im slowenischen Hinterland der Küste sind die gigantischen Karsthöhlen von Postojna mit der Höhlenburg Predjamski grad (www.postojnska-jama.eu).
Achtung: Slowenische Autobahnen (grün) und Schnellstraßen (blaue Schilder) sind mautpflichtig: Wer ohne Vignette erwischt wird, wird zur Kasse gebeten! Die slowenische Küste ist dicht besiedelt, im Sommer staut sich der Verkehr insbesondere am Wochenende. Achtung beim Fahren: In Slowenien muss das Abblendlicht auch tagsüber eingeschaltet werden.

Events

Subotina-Festival In historischen Gewändern feiern die Einheimischen eine Riesenpfanne, in der mehr als 2000 Eier – der Jahreszahl entsprechend – und 10 kg Trüffeln verquirlt werden.
■ 2. Sa im Sept.

Erlebnisse

8 **Aura – Brennerei und Shop** Gläserne Produktion: Marmelade aus Feigen oder Löwenzahn köchelt hinter einer Glaswand in der Küche, während Besucher der Brennerei mit Käse, Schinken und über 20 Sorten Edel-Bränden verköstigt werden und außerdem einen Blick auf die Fässer und Destillierprozesse werfen können – in sehr angenehmer Atmosphäre, mit großem Parkplatz.
■ II. Istarske Brigade 2/1, Buzet, www.aura.hr, Dez.–April tgl. 9–18, Mai–Nov. tgl. 9–20 Uhr, Jan., Feb. nur Mo–Sa

In der Umgebung

Draguć

| Dorf |

Als lohnendes Ausflugsziel in den Hügeln präsentiert sich das bezaubernde Dörfchen Draguć. Seine mittelalterlichen Mauern, die mit Blumentöpfen dekorierten Häuser und überwölbten Gassen dienten bereits als malerische Kulisse diverser Kinofilme, etwa »Lady Musketier – Alle für Eine« von 2004 mit Gérard Depardieu. Im modern gestalteten Haus der Fresken sind Informationen zu mittelalterlichen Wandmalereien in der Umgebung erhältlich (Tel. 052/211566, www.ppmi.hr, Sommer Di–Fr 16–18, Sa, So 10–18 Uhr, übrige Zeit nach Vereinbarung).

15 Hum

9 *Die vermutlich kleinste Stadt der Welt mit einem Dutzend Häuser*

Information

■ Webseite: www.hum.hr, zuständig ist die TZ Buzet (S. 54)

Das knapp 30 Einwohner zählende Hum gilt als kleinste Stadt der Welt. Der Legende nach entstand sie, als Riesen mit dem Bau anderer Orte am Mirna-Fluss fertig waren und noch Steine übrig hatten. Das Stadtrecht wurde dem Ort 1102 verliehen, besaß er doch dank seiner strategisch günstigen Lage auf einem Hügelzug einst große Bedeutung als Grenzbefestigung der deutschen Markgrafen. An diese Ära erinnert die gut erhaltene mittelalterliche Stadtmauer, die Hum umfängt.

Altstadt

| Stadtbild |

Ein massives Stadttor mit Bronzeflügeln und zwei gepflasterte Gassen, die das malerische Architekturensemble erschließen – eigentlich alles, was eine Stadt braucht. Die Marien-Pfarrkirche (Sveta Marija) aus dem Jahr 1802 besticht mit ihrem trutzigen, wie ein Wachturm mit einem Zinnenkranz versehenen Campanile (15. Jh.).
Außerhalb des Mauerrings, beim Parkplatz, lohnt die romanische Kirche des hl. Hieronymos (Sveti Jeronim) aus dem 12. Jh. einen Blick: Den kargen Innenraum schmücken Reste byzantinisch beeinflusster Fresken mit Szenen aus dem Neuen Testament, gut zu erkennen ist Mariä Verkündigung. Auf den Malereien findet man eingeritzte glagolitische Schriftzeichen. Falls die

Dicht an dicht stehen die Häuser im mittelalterlichen befestigten Dorf Draguć

Kirche verschlossen ist, kann man im Souvenirladen Colmo (Hum 9) nach dem handlangen Schlüssel fragen.

Aleja Glagoljaša

| Spazierweg |

Die Glagolitische Allee ist ein Spazierweg mit modernen steinernen Skulpturen, die an die Glagoliza-Schrift erinnern. Der Weg führt ab dem Bronzetor in Hum durch eine liebliche Hügellandschaft und an elf Figurengruppen vorbei bis zum 7 km nördlich gelegenen Roč. Die beiden winzigen Orte waren in früherer Zeit ein Zentrum der glagolitischen Schriftkultur.

Gefällt Ihnen das?

Dann ist der **Glagolitische Pfad** in Baška (S. 90) auf der Insel Krk die nächste Herausforderung: Dort stehen die 34 Steinbuchstaben nicht nebeneinander, sondern müssen mithilfe einer Karte (bei der TZ erhältlich) erwandert werden. **21 Steinskulpturen** mit Glagoliza-Versen gibt es bei Beli (S. 92) im Norden von Cres, am Tramuntana-Wanderweg.

Parken

Der **Parkplatz** vor der Altstadt von Hum ist von April bis Oktober kostenpflichtig (10 HRK/Tag).

Restaurants

€ | Humska Konoba Das rustikale Lokal mit Terrasse bietet eine klassische istrische Küche zu fairen Preisen, beispielsweise Fuži-Nudeln mit Trüffeln und Nedeva-Serviettenknödel. Berühmt ist der heimische Biska-Mistelschnaps. ■ Hum 2, Tel. 052/66 00 05, www.hum.hr/humskakonoba

Im Blickpunkt

Die glagolitische Schrift

Die altslawische Glagoliza (kroat. Glagoljica) setzte sich im Mittelalter in Kroatien als Kirchen- und Literaturschrift durch. Im 9. Jh. entwickelt, gilt sie als älteste slawische Schrift und hielt sich in Nordwest-Istrien und auf der Insel Krk besonders lang. Neben Elementen des griechischen Alphabets vermengen sich stilisierte christliche Symbole wie Kreuz, Dreieck und Kreis zu Buchstaben. Tipp: In den Souvenirgeschäften von Hum werden auch hübsche Taschen, Küchentücher und T-Shirts mit Glagoliza-Print angeboten.

Cafés

Weinbar und Shop Raboš Am Steintisch in der venezianischen Loggia wird alljährlich im Juni nach altem Brauch der Bürgermeister gewählt. Die übrige Zeit sitzen Besucher auf bunten Kissen und verkosten lokalen Wein, Käse und Olivenöl. ■ Hum 8, Tel. 091/266 00 03

In der Umgebung

Roč

| Dorf |

Dass der verträumte Ort Roč (150 Einw.) früher einmal eine Grenzbefestigung war, daran erinnern noch Teile der mittelalterlichen Stadtmauer mit Stadttor und Wehrtürmen. Gleich drei

Das alte Mühlengebäude mit Mühlrädern im Weiler Kotli am Oberlauf der Mirna

Kirchen gibt es hier: Die dreischiffige Kirche Sveti Bartol von 1492 hat einen 26 m hohen Glockenturm, die kleine gotische Kapelle Sveti Antun mit ihrem 800 Jahre alten Votivkreuz mit Glagoliza-Widmungen. Schöne Freskenreste des 14./15. Jh. gibt es im Kirchlein Sveti Rok zu bestaunen, etwa die Szene »Christus mit Aposteln«.

Kotli

| Weiler |

Der idyllische Weiler mit seiner alten Wassermühle und der gemütlichen und empfehlenswerten Konoba Kotlić lohnt einen Abstecher. Der Fluss Mirna hat das Gestein so ausgespült, dass kesselförmige Vertiefungen entstanden sind – in denen es sich in den Sommermonaten herrlich baden lässt. Vor einigen Jahren war der Weiler fast verlassen und wurde zur Geisterstadt. Inzwischen ist der Ort ein beliebtes Ausflugsziel, und die hübsch restaurierten Natursteinhäuser werden an Urlauber vermietet. Am Ende des Wasserfalls kann man zur Mühle absteigen.

■ Von Hum beim Dörfchen Brnobići abbiegen (ausgeschildert), Konoba (Mai–Sept.), Tel. 099/3517077

Ćićarija-Gebirge

| Gebirge |

Im Hinterland von Buzet beginnt das Bergland von Ćićarija: Mit seinen zwei höchsten Gipfeln Veliki Planik (1272 m) und Mali Planik (1259 m) spannt es sich in einem Bogen von der slowenischen Grenze bis zum Učka-Gebirge, das sich hinter der Riviera von Opatija erhebt. Hier ist das Klima rau, statt lieblicher Weinhänge prägen karge Viehweiden das Bild, die Genügsamkeit von Schafen ist hier willkommen. Viele Menschen wohnen in den kleinen verstreuten Dörfern nicht mehr. Auch nicht in Brest pod Žbevnicom nordöstlich von Buzet, dessen Dorfkirche in Istrien wegen ihres aus Geldmangel nur wenige Meter hohen Kirchturms bekannt ist. Žbevnica, der Berg oberhalb des Dorfes, ist ein beliebtes Wanderziel und belohnt den Aufstieg mit einem traumhaften Mittelgebirgspanorama.

Auf einem Hügel thronend und geschützt durch zwei Mauerringe: die Stadt Motovun

16 Motovun

5

Mittelalterliche Festungsstadt mit spektakulärem Panoramablick

Information

■ TZO, Trg Andrea Antico 1, Tel. 052/ 68 17 26, www.tz-motovun.hr

Das von einer imposanten Mauer umgebene Städtchen Motovun thront auf einem etwa 300 m hohen Hügel über dem weiten grünen Mirna-Tal. Das historische Zentrum mit seinen engen Gassen und venezianischen Patrizierhäusern ist seit dem Mittelalter praktisch unverändert geblieben und steht auf der nationalen Vorschlagsliste zum UNESCO-Weltkulturerbe. Beim internationalen Filmfest im Juli (S. 128) mischen Filmfans aus der ganzen Welt den malerischen 1000-Einwohner-Ort auf.

Sehenswert

Loža

| Aussichtspunkt |

Durch das Tor des von Wappen besetzten, doppeltorigen Stadtturms aus dem 14. Jh. gelangt man zur einstigen Stadtloggia. Heute ist darin ein Café untergebracht, das einen herrlichen Blick über die umliegenden Oliventerrassen und Weingärten bietet.

■ Trg Josefa Ressela

Trg Andrea Antico

| Stadtplatz |

Das gotische Obere Stadttor (15. Jh.) öffnet sich zum malerischen Hauptplatz Motovuns mit Cafétischen und einem Brunnen des 15. Jh., der mit einem Relief des Markuslöwen an die lange Herrschaft Venedigs erinnert. Benannt ist der Platz nach dem in Motovun geborenen Renaissanceverleger Andrea Antico. Eingerahmt wird er vom Palazzo Polesini aus dem 16. Jh. – heute das Hotel Kaštel –, dem imposanten Kommunalpalast aus dem 16. Jh. und der Kirche Sveti Stjepan (17. Jh.). Deren mittelalterlicher, von Zinnen bekrönter Campanile ist Motovuns Wahrzeichen.

Gradske zidine

| Stadtmauer |

Am Hauptplatz Trg Andrea Antico geht es neben dem Kommunalpalast hinauf zur begehbaren Stadtmauer, die Motovun ab dem 13. Jh. in zwei Ringen doppelt absicherte. Heute ist die bis zu 15 m hohe Befestigungsmauer die am besten erhaltene in Istrien. Mit ihren wuchtigen Torhäusern und Wehrtürmen umschließt sie das historische Zentrum und bietet einzigartige Ausblicke auf Reblandschaften und Eichenwälder vor der Kulisse des Ćićarija-Gebirges.

■ Juni–Aug. 9–21, April, Mai, Sept. 9–19, Okt. 9–18, Nov., März 9–17 Uhr, 25 HRK, erm. 10/20 HRK (inkl. Eintritt in die Kunstgalerie Pet kula mit Wechselausstellungen)

Parken

Wer frühmorgens kommt, kann es in der Oberstadt an den **Bezahlparkplätzen** nahe des Friedhofs probieren (Ul. Vladimira Gortana 33). Größer ist der **Parkplatz** am Fuße der Stadt, der aber einen 15-minütigen Fußmarsch steil bergauf erfordert (20 HRK/Tag). Der kostenpflichtige Shuttlebus empfiehlt sich vor allem bei großer Hitze sowie für ältere Menschen oder Kleinkinder (20 HRK, Ulica Rižanske skupštine).

Restaurants

€€€ | Mondo Am Aufstieg zur Altstadt gelegene, gemütliche Taverne mit Trüffelgerichten und steinerner Terrasse. ■ Barbacan 1, Tel. 052/68 17 91, www.konoba-mondo.com

10 **€€€ | Restaurant Zigante** Das Gourmetrestaurant des berühmten istrischen Trüffelkönigs Giancarlo Zigante, der 1999 die mit 1,31 kg größte Trüffelknolle (Weltrekord!) fand, ist ein wahres Paradies für Liebhaber der Edelknolle und versteckt sich im Dörfchen Livade. ■ Livade 7, Tel. 052/66 43 02, www.restaurantzigante.com

Cafés

Caffe Bar Mure Winziges Café mit Tischen an der Stadtmauer. Perfekt, um die Sonne über dem Mirna-Tal untergehen zu sehen. ■ Ulica Joakima Rakovca 4

Events

Motovun Film Festival Ende Juli erobern Tausende Cineasten die Stadt: Beim Motovun Film Festival werden größtenteils Off-Hollywood-Produktionen aus aller Welt gezeigt, die meisten unter freiem Himmel. ■ www.motovunfilmfestival.com

Erlebnisse

Auf der Jagd nach dem »istrischen Gold« Rund um Buzet erstreckt sich das istrische Trüffelparadies. Mit der Familie Karlić aus dem Dorf Paladini, die schon seit 1966 im Geschäft ist, kann man im nahe gelegenen Eichenwald auf eine etwa zweistündige Trüffelsuche gehen, wobei das Aufspüren abgerichtete Hunde übernehmen. Ein echtes Erlebnis – nicht zuletzt für den Gaumen, denn natürlich dürfen die Teilnehmer das »istrische Gold« auch ausgiebig verkosten. ■ www.karlictartufi.hr

17 Pazin

Istriens Hauptstadt thront über einer romantischen, sattgrünen Schlucht

Information

■ TZ Zentralistrien (»Središnja Istra«), Ul. Velog Jože 1, 52000 Pazin, Tel. 052/ 62 24 60, www.central-istria.com

Istriens Verwaltungssitz erstreckt sich im Herzen der Halbinsel auf einem Felsplateau über einer wildromantischen Schlucht (auch Fojba genannt) des Pazinčica-Flüsschens. Die Handelsstadt mit 4400 Einwohnern erstreckt sich am Schnittpunkt wichtiger Verkehrsachsen. Das hervorragend erhaltene mittelalterliche Kastell, das spektakulär am Rand des Abgrunds thront, ist der Hauptanziehungspunkt. Auch Wanderer schätzen die Gegend.

Kaštel

| Burg |

11 *Hübsch sanierte Burg mit einer Vielzahl von Ausstellungsstücken*

Stolz thront die Burganlage des 9. Jh. am Rand der mehr als 100 m tiefen Schlucht Pazinska jama. Ihr heutiges Aussehen erhielt sie Mitte des 16. Jh. Modern aufbereitet sind das Ethnografische und Städtische Museum hier untergebracht und präsentieren Spielzeug, Küchengeräte, Töpferei und Musikinstrumente – auch interaktiv.

■ Trg Istarskog razvoda 1, www.muzej-pazin.hr, Juni–Aug. Di–Do 10–18 Uhr, übrige Zeit verkürzt, 25 HRK, erm. 15 HRK

Parken

Bezahlparkplätze gibt es u. a. am Prolaz Vincenta od Kastva, am Trg slobode entlang des Stadtparks, in der Ul. 25. rujna sowie der Ul. Narodnog doma.

Im Blickpunkt

Von Dante bis Verne: die mysteriöse Schlucht von Pazin

Unter dem Kastell verschwindet der Karstfluss Pazinčica auf wundersame Weise in einem dunklen Schlund der Schlucht (Fojba) Pazinska jama und fließt unterirdisch weiter – ehe er beim Limski kanal wieder ans Tageslicht kommt. Das bis heute nicht ganz geklärte Schluckloch-Phänomen soll im 14. Jh. bereits Dante Alighieri bei einem Besuch inspiriert und als Höllenschlund Eingang in seine »Göttliche Komödie« gefunden haben. Auch der französische Schriftsteller Jules Vernes siedelte seinen Romanhelden Mathias Sandorf, einen ungarischen Grafen und Revolutionär, dort an: Vom Burgkerker gelingt diesem die Flucht durch die Schlucht von Pazin. Einen unvergleichlichen Blick auf Kaštel und Steilfelsen bietet die Fußgängerbrücke, die sich über das tief unten plätschernde Flüsschen Pazinčica spannt. Blicke aus der Vogelperspektive über die Schlucht ermöglicht auch die Zipline, die beim Hotel Lovac startet (Ul. Šime Kurelića 4, Tel. 091/5437718, Mai–Sept. tgl. 10–19 Uhr). Die Höhle kann mit professionellen Höhlenforschern besichtigt werden, die Tour dauert 2,5 Std. (Jacke und feste Schuhe mitbringen, Helm und Lampe werden gestellt, Juli, Aug. 10, 13, 16 Uhr, Voranmeldung am Stand bei der Brücke Vršić oder unter Tel. 091/5121528).

ADAC Mittendrin

Als Istrien-Kenner gibt sich zu erkennen, wer im Café den **Kultdrink Pašareta** bestellt – einen knallroten Softdrink, der seit 1924 in Pazin hergestellt und nur in Istrien vertrieben wird. Die scheue Herstellerfamilie Ferenčić verzichtet auf jegliche Werbung, dank der zahlreichen Empfehlungen in sozialen Netzwerken findet das Retro-Getränk jedoch stets neue Anhänger.

Restaurants

€€ | **Konoba Marino** Der Gasthof im 8 km entfernten Gračišće ist bekannt für traditionelle Hausmannskost (die »maneštra« – einen kräftigen Gemüseeintopf mit Fleischeinlage – probieren). Danach bietet sich der mittelalterliche Ort für einen schönen Spaziergang an. ■ Gračišće 75, Tel. 052/687081

In der Umgebung

Sveta Marija na Škriljinah, Beram

| Kirchenfresken |

12 *Die Kapelle bezaubert mit farbenfroher Totentanz-Wandmalerei*

In der kleinen Friedhofskapelle Sv. Marija na Škriljinah (Muttergottes im Fels) am Rand von Beram (6 km von Pazin) verbirgt sich ein wahrer Freskenschatz: 46 Wandbilder des Meisters Vincent von Kastav von 1474, deren Höhepunkt eine 7 m breite Darstellung eines Totentanzes ist. Darauf geleiten fröhliche Skelette eine Menschenschar – vom Papst bis zum Kind – ans offene Grab. ■ Schlüssel bei der Kustodin in Beram 38 erfragen, Tel. 052/622903, 20 HRK

18 Svetvinčenat

Kleine, aber feine mittelalterliche Kulisse mit venezianischer Burganlage

Das kleine Städtchen wirkt wie aus der Zeit gefallen: Im Zentrum erhebt sich ein restauriertes Kastell. Nebenan erstreckt sich ein Renaissancemarktplatz mit Steinbrunnen, Loggia und Kirche.

Sehenswert

Kaštel Grimani-Morosini

| Burg |

Das mittelalterliche Bollwerk erhielt venezianische Türmchen, die als Kerker dienten. In der Saison verwandelt sich der Burghof in einen Mittelalterpark mit Bogenschießen und Fluchtspielen für Kinder und Jugendliche. ■ www.grimanicastel.com, 50 HRK, erm. 30 HRK

Kinder

Sveti Mihail Ritter oder Burgfräulein auf Zeit? Das kann der Nachwuchs in dieser hölzernen, nachgebauten Festung sein, wo Klettern, Bogenschießen, ein Labyrinth und Esel-Kutschfahrten warten. ■ Im Dorf Raponji (2 km von Svetvinčenat, ausgeschildert), www.facebook.com/MTPsanchmichael, im Sommer tgl. 15–22 Uhr, 60 HRK, erm. 50 HRK, Kinder unter 3 Jahren frei

Events

Einmal pro Woche wird es mit Fackeln und Rittern bei den **Mittelalternächten** im Kastell Grimani-Morosini richtig stimmungsvoll. ■ Juli, Aug., www.povijesnaudrugakastel.com, Tel. 092/2857610, 80 HRK, erm. 50 HRK

Meister Albert von Konstanz schuf die Fresken im Heiliggeistkirchlein von Bale

19 Bale

Romantisches Wehrstädtchen mit bohemehaftem Charme

Information

■ TZO, Rovinjska 1, 52211 Bale, Tel. 052/82 42 70, www.bale-valle.hr

Das von wuchtigen Mauern umschlossene Kastell thront auf einem sanften Hügel, umgeben von Olivenhainen und Weinbergen. Beim Schlendern durch die beiden schneckenförmig gewundenen Gassen der Altstadt kann man liebevoll restaurierte Fassaden venezianischer Gebäude in dem angenehm ruhigen Ort entdecken.

Sehenswert

Palača Soardo-Bembo

| Palast |

Der imposante Natursteinpalast aus dem 16. Jh. wird von zwei früheren Wehrtürmen flankiert. Schmuckstück ist der Mitteltrakt mit Balkon und Arkadenfenstern. Auf den rauschenden Festen, die die venezianische Herrscherfamilie Bembo im 17. Jh. hier ausrichtete, amüsierte sich u. a. Casanova. Regiert wird die Stadt gegenüber im rot gestrichenen Rathaus mit seiner schönen Eingangsloggia.

■ Kaštel 1, Mo–Fr 9–12, 18–21 Uhr, Juli, Aug. tgl.

Crkva Sv. Duha

| Kirchenfresken |

Das unscheinbare Kirchlein aus dem 15. Jh. lohnt den Besuch wegen der bunten Freskenmalereien des deutschen Meisters Albert aus Konstanz am Bodensee. Sie stellen Bibelszenen wie die die Flucht nach Ägypten, den Kindermord von Betlehem und das Letzte Abendmahl mit vielen Details dar – etwa mit einer Brezel als Beilage.

■ Bembo 7, Tel. 052/82 40 80, in der Pfarrei nach dem Schlüssel fragen, falls tagsüber geschlossen

Kneipen, Bars und Clubs

Kamene Priće »Steinerne Geschichten« bedeutet der Name dieser in einem alten Natursteinhaus logierenden Kneipe, die als eine der besten Jazzbühnen Istriens gilt. ■ Kaštel 57, Tel. 052/824235, www.kameneprice.com, tgl. 10–23 Uhr, ab 19 Uhr »kinderfrei«

Kinder

Paleo Park Unweit von Bale, wo die Fußstapfen eines Urzeitriesen gefunden wurden, wird in einem Wasserpark mit lebensgroßen Dinos geplanscht. In Bale informiert dagegen das Multimedia Center MMC Ulika über die Riesensäuger! ■ Campingplatz Mon Perin, www.camping-monperin.hr/paleo-park, Mai–Sept. tgl. 10–20 Uhr

20 Vodnjan

Venezianisches Städtchen mit recht rätselhaften Heiligenmumien

Information

■ TZ, Narodni trg 3, 52215 Vodnjan, Tel. 052/511700, www.vodnjandignano.com

Die auf einer Anhöhe im Hinterland gelegene Kleinstadt erstreckt sich inmitten einer landwirtschaftlich intensiv genutzten Region, die insbesondere für ihre Wein- und Olivenölproduktion bekannt ist. Schon die römischen Kaiser schätzten das Öl aus Vodnjan. Rund um den Hauptplatz gruppieren sich hübsche Bürgerhäuser. Wunderbar bunt sind die Fassadenmalereien an vielen Gebäuden. Schon von Weitem erkennt man den imposanten Kirchturm der St.-Blasius-Basilika.

Sehenswert

Sveti Blaž

| Kirche |

Die dem hl. Blasius geweihte Pfarrkirche (17. Jh.) mit dem 62 m hohen venezianischen Kirchturm ist das größte Gotteshaus Istriens und bietet auf 56 x 23 m bis zu 5000 Gläubigen Platz. Hinter dem Hauptaltar sind in gläsernen Sarkophagen die Leichname dreier Heiliger aufbewahrt, die kaum Spuren des Verfalls zeigen – obwohl sie niemals einbalsamiert wurden. Eine wissenschaftliche Erklärung für den Zustand dieser Mumien konnte bislang noch nicht gefunden werden. Das in

Im Blickpunkt

Kažun – geliebte Steinhäuser

Kažuni sind Steinhütten mit Kegeldach, die aus flachen Feldsteinen ohne jegliches Bindemittel aufgeschichtet wurden, um Feldarbeitern und Hirten Unterschlupf vor Unwettern zu bieten und Werkzeug zu lagern. Die traditionellen, an Iglus erinnernden Schutzhütten sind heute ein beliebtes Symbol und – in Miniaturform – ein Souvenir Istriens. Nicht zuletzt dienten sie dazu, überschüssige Steine aus den Weingärten und Olivenhainen zu nutzen. Auf den Feldern um Vodnjan sind noch besonders viele Exemplare erhalten. Im Freilichtmuseum »Park kažuna« wird die Trockenbautechnik an zwei Hütten mit je vier Bauphasen näher erklärt.
Am Kreisverkehr in Richtung Bale im Norden, kostenlose Parkplätze und Kiosk-Infopunkt, Eintritt frei

der Sakristei untergebrachte Museum für sakrale Kunst gehört zu den bedeutendsten seiner Art in Istrien.
■ Sveti Rok 4, Tel. 052/511420, www.zupavodnjan.com, Juni–Sept. Mo–Sa 9.30–19, So 12–17 Uhr, Okt.–Mai nach Voranmeldung, Kombiticket Kirche, Museum, Mumien 75 HRK

Öko-Museum Istrian de Dignan

| Museum |

In einem liebevoll restaurierten, alten Haus am Hauptplatz von Vodnjan werden Besuchern alte Traditionen vorgeführt und lokale Spezialitäten wie beispielsweise Olivenöl verkauft.
■ Narodni trg 8, Tel. 099/3503590, Voranmeldung erbeten, www.istrian.org

Restaurants

€€ | **Vodnjanka** Istrische Spezialitäten wie »ombolo« (Schweinekarree) mit Pilzen oder Schnecken mit Polenta. ■ Istarska bb, Tel. 052/511435, Feb.–Dez.

Einkaufen

Chiavalon Im Angebot sind köstliche Olivenöle von einer Plantage mit 1100 Bäumen. ■ Vladimira Nazora 16, Tel. 052/511906, www.chiavalon.hr

In der Umgebung

Dvigrad

| Ruinen |

Das verwunschene Ruinendörfchen, das schon im 17. Jh. infolge von Pest und Uskoken-Angriffen weitgehend entvölkert war, wirkt wie ein großer Abenteuerspielplatz: Durch mehrere Torbögen hindurch, an den Überresten von mehr als 200 Häusern und dem einstigen Marktplatz vorbei, führt die Entdeckungstour. Der größte mittelalterliche Ruinenkomplex in Istrien ist frei zugänglich, erfordert jedoch festes Schuhwerk. Nebenan gibt es im Sommer einen überdachten Imbiss mit türkischem Kaffee und Palatschinken.

Im Blickpunkt

Die Kohle von Labin

Bergleute trieben ab dem späten 18. Jh. Stollen tief in den Hügel von Labin, stets auf der Suche nach Kohle für die in Pula stationierte österreichische Marine. Als Labin zwischen den Weltkriegen unter italienischer Herrschaft stand, wurden kroatische Schulen geschlossen und der Gebrauch des Kroatischen in der Öffentlichkeit verboten. Dieser Unmut trieb etwa 600 Kumpel dazu, 1921 gegen die Willkür der Faschisten zu rebellieren: Sie riefen die selbst verwaltete »Labiner Republik« aus, die jedoch schon nach fünf Wochen von italienischen Truppen im Keim erstickt wurde. Als Labin nach dem Zweiten Weltkrieg Istrien zugeschlagen wurde, wanderten die meisten Italiener aus.
In den 1960er-Jahren rückten Bergarbeiter aus allen Teilen Jugoslawiens für die italienische Bevölkerungsgruppe nach, um dort Kohle zu fördern. Für sie entstand das moderne, gesichtslose Podlabin unterhalb der Altstadt. Ein Rundmosaik neben dem Stadttor von Labin erinnert heute an den Aufstand von 1921. Der letzte Förderwagen rollte 1999 aus dem Kohlestollen Tupljak.

Dvigrad wurde im 17. Jh. von den Bewohnern verlassen und ist seither eine Geisterstadt

21 Labin

Ehemaliges Bergbaustädtchen mit bunten Palazzi und steilen Treppengassen

Information

■ TZ, Ulica Alda Negrija 20, 52220 Labin, Tel. 052/85 55 60, www.rabac-labin.com

Das alte Zentrum von Labin (6900 Einw.) mit seinen Renaissance- und Barockpalästen thront auf einer Bergkuppe im Südosten von Istrien auf halber Strecke zwischen Pula und Opatija. Ein Spaziergang der 285 n. Chr. erstmals erwähnten Stadt führt an bunten Fassaden, Palästen, Galerien, Toren und Kirchen vorbei. Vom weithin sichtbaren Campanile öffnet sich ein prächtiger Blick, der bis in den Schwesternort Rabac (S. 47) am Meer reicht.

Sehenswert

Altstadt

| Stadtbild |

Geschäftig geht es auf dem Hauptplatz Titov trg zu, mit Cafés, Stadtloggia und wenigen Parkplätzen. Bergan weist das Stadttor des hl. Florian mit venezianischem Löwen – zugleich das Labiner Stadtwappen – den Weg in die Altstadt: Der Treppenweg führt zunächst an der

ADAC Mobil

So romantisch der steile **Treppenweg** mit seinen glatt geschliffenen Pflastersteinen auch wirken mag – für Kinderwagen kann der Weg durch die Altstadt zur Herausforderung werden, und bei Regen wird der nasse Stein zur Rutschpartie.

Ein Spaziergang durch Labin führt über zahlreiche romantische Treppengassen

1336 erbauten Marien-Pfarrkirche (Sveta Marija) mit gotischer Rosette vorbei. In ihre Fassade ist der geflügelte venezianische Markuslöwe eingelassen und erinnert daran, unter wessen Herrschaft Labin 1420 bis 1797 stand. Im Inneren beeindrucken die wabenförmige Stuckierung der Decke und sechs Seitenaltäre mit korinthischen Säulen.

Narodni muzej

| Museum |

13 *Schmucker Barockpalazzo mit Bergbauausstellung*

Der nachgebaute Stollen eines Steinkohlebergwerks ist das Glanzstück des Heimatmuseums im karminroten Palazzo Battiala-Lazzarini von 1630. Im Hochparterre heißt es: Helm aufsetzen, Kopf einziehen und »Sretno!« (Glückauf!). Ein niedriger Schacht mit Förderwägen, durch den man sich zwängen kann, vermittelt eine leise Ahnung vom harten Leben unter Tage. Beachtenswert ist auch eine Sammlung lokaler Musikinstrumente wie die istrische Flöte Sopele, deren Klänge auf Knopfdruck ertönen.

■ Ulica Prvog Maja 6, Tel. 052/85 24 77, im Sommer 10–13, 18–22 Uhr, übrige Zeit verkürzt, 20 HRK, erm. 10/15 HRK

Vidikovac Fortica

| Aussichtsturm |

Der Treppenweg steigt bergan zum höchsten Punkt Labins auf 320 m. Dort ragt der 35 m hohe venezianische Stadtturm weit über die Dächer der übrigen Häuser empor. Wer schwindelfrei ist, kann nun die Leiterstiegen emporklimmen und anschließend einen herrlichen Rundblick bis hinunter nach Rabac und auf die Kvarner-Bucht genießen.

■ 7 HRK, erm. 3/5 HRK

ADAC Spartipp

Kostenlose **Nachtspaziergänge** entführen Besucher in das historische Labin und gipfeln in einer Verkostung lokaler Spezialitäten. *Treffpunkt: TIC Altstadt, auch auf Deutsch, Juli, Aug. Di 21.30–23 Uhr, Trinkgeld nicht vergessen!*

Verkehrsmittel

Eine **Bimmelbahn** verkehrt vom Titov trg in Labin ins 4 km entfernte Rabac ans Meer und erspart dort die Parkplatzsuche (im Sommer 9.30–12 und 18–22 Uhr, 20 HRK).

Parken

Wer am Titov trg vor dem Altstadteingang parken möchte, muss Glück haben (8–22 Uhr, 10 HRK/Std.). Der ausgeschilderte große **Parkplatz** ein Stück unterhalb (Ul. Svete Katarine) ist die bessere Wahl (Mai–Sept., 5 HRK, Wechselautomat).

Cafés

Velo Kafe Stilvolles Café mit beliebter Terrasse auf dem Hauptplatz. Typisch für Labin sind »krafi«, süße Ravioli mit Karamellsoße, die mit Rakija (Grappa) flambiert werden. ■ Titov trg 10, Tel. 052/85 27 45, www.velokafe.com.

Events

Die **Labin Art Republik** ist im Juli und August eine Hommage an den einstigen Bergarbeiteraufstand – mit Musik, Theatervorstellungen, Straßenperformances und offenen Kunstgalerien. ■ Mo 19–21, Mi 11–13 Uhr

Im Blickpunkt

Meer und Berge: ein Paradies für Genießer

Unter Feinschmeckern gilt Istrien mit seiner mediterran-kontinentalen Küche längst als Schlaraffenland mit hervorragenden Slow-Food-Restaurants – die vergleichsweise erschwinglich sind. Fisch spielt an der Küste eine große Rolle, Austern gedeihen im Limski kanal vorzüglich, und Kenner schätzen die Scampi der benachbarten Kvarner-Region. Doch auch das »grüne Istrien«, das Landesinnere, hat Bestes zu bieten: Schwarze oder die noch begehrteren weißen Trüffeln aus dem Mirna-Tal finden immer mehr Anhänger. Und das preisgekrönte Olivenöl, vor allem aus Vodnjan, schätzten schon die alten Römer. Heute führt die ausgeschilderte Olivenölstraße »Cesta maslinovog ulja« an silbrig-grünen Olivenhainen, Ölmühlen und Hofläden vorbei. Weitere Spezialitäten sind das einheimische Rind Boškarin, luftgetrockneter Pršut (Schinken), Fuži-Nudeln oder Fritaja-Omelett mit wildem Spargel oder Trüffeln. Regionale Küche kommt in traditionellen Gasthäusern auf den Tisch, die »oštarija« oder »konoba« genannt werden. Ein ganz besonderes kulinarisches Kapitel schreiben die ausgezeichneten Weine aus Istrien und von den Inseln des Kvarner Archipels. Malvazija (Malvasier) heißt die autochthone Rebe, die einen frischen Weißwein von stroh- bis goldgelber Farbe mit leichtem Akazienduft hervorbringt. Der Teran funkelt rubinrot im Glas und duftet nach Waldbeeren – kein Wunder, dass eine Bucht im Südosten nach einem Ausruf griechischer Seefahrer der Antike den Namen »Kalavojna« (Welch herrlicher Wein) trägt. Die Kulinarik-Website des Tourismusverbandes bietet einen Überblick über Restaurants, Wein- und Olivenölhersteller (www.istria-gourmet.com, auch als mobile App).

Übernachten

Ein Quartier im Landesinneren Istriens ist eine gute Alternative zu den Ferienhotels am Meer – und schont meist das Urlaubsbudget. Zur Auswahl stehen familiäre Hotels in malerischen Bergstädtchen, Privatzimmer und Apartments. Ein besonderes Erlebnis, vor allem mit Kindern, ist ein »agroturizam«: Dort übernachtet man in einer Ferienwohnung bei einem Bio-Bauern oder Direktvermarkter, der eigenen Wein, Käse oder Grappa herstellt – und seine Gäste damit verwöhnt. In den vergangenen Jahren wurden zudem viele vergessene Natursteinhäuser und mediterrane Villen im Landesinneren hübsch restauriert und werden nun an Urlauber vermietet. Das Beste: Das Meer in Istrien ist nie weiter als eine Autostunde entfernt.

Buje 52

€€ | Casa Romantica La Parenzana Gepflegte Landpension in einem renovierten Gutshof im Weiler Volpia mit behaglichen Zimmern mit Alpen-Charme. Das romantische Gartenlokal mit duftendem Lavendel und knorrigen Olivenbäumen serviert sehr gute regionale Küche. ■ Volpia 3 (2 km nördl. von Buje), 52460 Buje, Tel. 052/77 74 58, www.laparenzana.com

€€€ | San Servolo Istriens bekannteste Mikro-Brauerei betreibt auf ihrem Anwesen eine geschmackvolle moderne Hotelanlage. Da darf das Bier auch bei Wellnessanwendungen nicht fehlen – im Beer Spa. ■ Momjanska ul. 7 (3 km von Buje), 52460 Buje, Tel. 052/77 25 05, sanservoloresort.com

Buzet 54

€€ | Vela Vrata Stilvoll-rustikale Zimmer mit individueller Note bietet das mittelalterliche Steinhaus mit Innenpool. Herrlicher Blick von der Restauranttterrasse ins Tal, gutes Frühstück. ■ Šetalište Vladimira Gortana 7, 52420 Buzet, Tel. 052/49 47 50, www.velavrata.net

Motovun 60

€ | Agroturizam Toni Die kinderfreundliche Familie Milanović im Dörfchen Brkač vermietet zwei geräumige und gut ausgestattete Apartments mitten in den Weinbergen. Sie betreibt auch einen rustikalen Gastgarten mit Spielplatz, einer Reihe von Haustieren sowie hausgemachten Spezialitäten und Getränken. ■ Brkač 26 a (2 km von Motovun), 52424 Brkač, Tel. 095/5103069

€ | Villa Borgo Das Bed & Breakfast befindet sich in einem renovierten Steinhaus an der Spitze der Altstadt und bietet seinen Gästen moderne Zimmer, ein Apartment und einen herrlichen Ausblick auf das Mirna-Tal. ■ Borgo 4, 52424 Motovun, Tel. 052/68 17 08, www.villaborgo.com

€€ | Hotel Kaštel Stilvoll renovierter Altstadtpalast aus dem 17. Jh. mit modernen Zimmern (überwiegend mit Panoramablick), Spa-Bereich und Innenpool. Das Restaurant mit Terrasse bietet eine kreative istrische Küche auf hohem Niveau. ■ Trg Andrea Antico 7, 52424 Motovun, Tel. 052/68 16 07, www.hotelkastel-motovun.hr

Pazin 62

€ | **Agroturizam Ograde** Ruhige Unterkunft im Grünen mit Pool. Regionale Spezialitäten frisch vom eigenen Hof. ■ Lindarski katun 60 (10 km von Pazin), 52000 Pazin, Tel. 052/69 30 35, www.agroturizam-ograde.hr

Bale 64

€ | **Kamene Priče Jazz Apartments** Das historische Steinhaus mit Jazzbar birgt individuell ausgestaltete Apartments. ■ Castel 57, 52211 Bale, Tel. 052/ 82 42 35, www.kameneprice.com

Labin 67

€€ | **Peteani** Geschmackvoll eingerichtete Zimmer bietet dieses moderne stylische Boutique-Hotel in der Nähe der Altstadt. Das Restaurant ist ebenfalls eine Empfehlung wert. ■ Aldo Negri 9, 52220 Labin, Tel. 052/ 86 34 04 www.hotel-peteani.hr

€€ | **Kaštel Pineta** Sechs freundliche Apartments in einem Kastel, ca. 25 km von Labin. Vor allem die traditionelle Küche ist empfehlenswert. ■ Sv. Martin 32/b, 52231 Nedešćina, Tel. 052/65 40 45, www.kastel-pineta.com

Ein Palast aus dem 17. Jh. beherbergt das charmante Hotel Kaštel in Motovun

ADAC Das besondere Hotel

Hotel Stancija Meneghetti Luxus pur in wunderbarer Natur: Der Landsitz bei Bale gehört zu den elegantesten »stancije«, wie die Herrenhäuser im istrischen Hinterland heißen. Das gepflegte Anwesen beherbergt Olivenbäume, Weinberge, Swimmingpools und ein Restaurant. Das Meer ist einen 20-minütigen Spaziergang entfernt, dort warten hoteleigene Liegen.

€€€ | Stancija Meneghetti 1, 52211 Bale, Tel. 052/52 88 00, www.meneghetti.hr

Die Riviera von Opatija und die Stadt Rijeka

Zeitlos elegant? Oder doch lieber urban-modern? Die Kvarner-Bucht zeigt sich in ihrem Herzen besonders vielseitig

Die Nordostküste der Halbinsel Istrien gibt sich stilvoll: Nostalgische Seebäder mit Jugendstilvillen, hübsche Badeplätze und ein grünes Gebirge, das kalte Winde vom Festland auffängt, lassen Besucher schwelgen. Entlang der Riviera von Opatija gehen die Badeorte, die schon der K.u.k.-Adel zu schätzen wusste, beinahe nahtlos ineinander über. Die ungleichen Dörfchen Volosko am Meer und Kastav auf einem Felsen sind für ihre vorzüglichen Restaurants bekannt.

Als urbane Metropole mit einer schönen Flaniermeile, attraktiven Museen und einem Burgberg präsentiert sich die Hafenstadt Rijeka, die sich am Scheitelpunkt der Kvarner-Bucht ausbreitet. Dass Rijeka (ital. Fiume) sich mit dem Titel »Europäische Kulturhauptstadt 2020« schmückt, sorgt seit geraumer Zeit für eine kreative Aufbruchstimmung und spannende neue Museums- und Kulturprojekte.

In diesem Kapitel:

ADAC Top Tipps:

6 Lungomare, Opatija
| Uferpromenade |
Die Promenade führt von Lovran nach Volosko über 12 km. Entlang der nostalgischen Gründerzeitvillen und Grand Hotels wie dem Hotel Kvarner flanierte vor mehr als 100 Jahren schon der Habsburger Adel. 78

7 Rijeka
| Großstadt |
Kreativer Zeitgeist hat die Hafenmetropole erfasst: Mit der Kür zur Europäischen Kulturhauptstadt 2020 wurde alten Industrie- und Militärobjekten neuer Glanz eingehaucht. 79

ADAC Empfehlungen:

14 Naturpark Učka
| Naturpark |
Eine wunderbare Wanderregion: Grüne Bergrücken gewähren schöne Blicke auf die Kvarner-Bucht. 75

15 Peek & Poke Computermuseum, Rijeka
| Museum |
In Rijekas Vorzeige-Sammelsurium sind alte Computer, Spielkonsolen und Puppen zu bestaunen. 82

16 Kaštel Trsat, Rijeka
| Festung |
Zum schönsten Aussichtspunkt der Stadt führt ein historischer Pilger- und Treppenweg hinauf. 83

17 Na kantunu, Rijeka
| Restaurant |
Ein Lieblingsort der Einheimischen für frischen Fisch zu fairen Preisen. 83

Mošćenička Draga verfügt über einen der schönsten Strände der Kvarner-Bucht

22 Mošćenička Draga

Populärer Badeort vor der Kulisse des imposanten Učka-Gebirges

Information

■ TZ, Aleja Slatina 7, 51417 Mošćenička Draga, Tel. 051/73 91 66, www.tz-moscenicka.hr

Dank der schönen Naturkulisse avancierte Mošćenička Draga (1500 Einw.) zu einem beliebten Badeort an Istriens Ostküste mit schönem Kieselstrand. In den Sommermonaten tummeln sich zahlreiche Badegäste am Adria-Ufer. Beschaulicher ist das Zentrum des einstigen Fischerorts, der in der Hochsaison zur autofreien Zone erklärt wird. Die Cafés, Eisdielen, Restaurants und kleinen Geschäfte von Mošćenička Draga erwachen vor allem in den Abendstunden zum Leben, wenn die Urlaubsgäste im Anschluss an das Strandprogramm über die von Gründerzeitvillen gesäumte Promenade flanieren.

Sehenswert

Plaža Sipar

| Strand |

Schmal, aber mehr als 1 km lang und mit herrlichem Blick auf die gegenüberliegende Insel Cres erstreckt sich der weiße Sipar-Kiesstrand an der weiten Bucht Sveta Marina. Sein Geröll stammt aus der Učka-Mündung.

In der Umgebung

Mošćenice

| Stadt |

Zu Fuß über 756 Treppenstufen oder mit dem Auto die Serpentinenstraße hinauf erreicht man das mittelalterliche Städtchen, das auf 173 m Höhe über dem Meer thront. Ein massiver Mauerring umrahmt den winzigen Kern, den man durch ein mit dem Wappen der Habsburger geschmücktes Tor (1634) betritt. Gleich daneben gibt ein kleines ethnografisches Museum Auskunft über die Geschichte des Ortes und die Bedeutung des Olivenanbaus für die Region. Eine schmale Gasse führt zur barocken Pfarrkirche Sveti Andreja Apostol (17. Jh.) und einer Loggia aus venezianischer Zeit mit grandioser Aussicht über die Küste.

■ Museum: Sommer tgl. 10–17 Uhr, 10 HRK, erm. 5 HRK

23 Naturpark Učka

14 *Mächtiger grüner Windfang der Kvarner-Bucht und Wanderziel*

Information

■ Besucherzentrum, Poklon 8, 51414 Ičići, Tel. 052/77 01 00, tgl. 9–16 Uhr, www.pp-ucka.hr, 50 HRK, erm. 10–35 HRK

Der lang gestreckte Bergrücken des Naturparks Učka ist eine herrliche Wanderregion mit etlichen markierten Wegen und Ausblicken auf die Adria und die Halbinsel Istrien. Seinen höchsten Gipfel, den kahlen Vojak (1401 m), krönt ein steinerner österreichischer Aussichtsturm von 1911.

In der Nähe des Dörfchens Vela Učka kann man sich an der Kaiser-Joseph-II.-Quelle erfrischen, die Ende des 18. Jh. in einen tempelartigen Bau gefasst wurde. Einblicke in den imposanten Canyon Vela Draga bieten sich auf einem 600 m langen Lehrpfad: Markante Felstürme flankieren die Schlucht, über der Steinadler und Wanderfalken ihre Kreise ziehen.

ADAC Wussten Sie schon?

Der Legende nach wollten **Feen**, die im Učka-Gebirge leben, ihre Kräfte beweisen: Sie bauten mit den Steinen aus dem Gebirge in nur einer einzigen Nacht das Amphitheater von Pula. In der Morgendämmerung ließen ihre Kräfte jedoch nach, und die übrig gebliebenen Steine fielen ins Meer: An dieser Stelle seien die Brijuni-Inseln vor der Südwestküste Istriens entstanden, heißt es.

Restaurants

€€–€€€ | Dopolavoro An der Passstraße in fast 1000 m Höhe kommen deftige Wild-, Pilz- und Peka-Gerichte auf den Tisch. ■ Vela Učka 9, Učka, Tel. 051/ 29 96 41, www.dopolavoro.hr

Sport

Moutainbiker starten gerne ebenfalls am Poklon-Pass hinauf zum Vojak (insgesamt 14 km, ca. 465 Höhenmeter). Anspruchsvoller sind Fahrten ins Bauerndorf Brest (25 km, 468 hm) oder zum 1272 m hohen Veli Planik (ca. 26 km, 267 hm), der bereits zum Ćićarija-Gebirge (S. 59) gehört. ■ GPS-Daten unter www.istria-bike.com

Wandern

Wanderparkplätze gibt es am **Poklon-Pass** (7 km von Veprinac), von dort 2 Std. Aufstieg zum Vojak; am Ausgang des Učka-Tunnels, wo die Passstraße ansteigt, befindet sich ein weiterer Parkplatz (Ausgangspunkt Lehrpfad).

24 Lovran

Seebad mit altehrwürdiger Noblesse am Beginn des Lungomare

Information

■ TZ, Trg slobode 1, 51415 Lovran, Tel. 051/ 29 17 40, www.tz-lovran.hr

Lange Strände, schöne Hotels, eine mittelalterliche Altstadt und die waldreiche Umgebung machen den Reiz des traditionsreichen Bade- und Kurortes aus. Lovran (4000 Einw.) markiert das Südende der idyllischen Küstenpromenade Lungomare, die sich 12 km über Opatija bis nach Volosko im Norden am Meer entlangzieht. Seinen Namen hat Lovran von den Lorbeerbüschen, die dort weit verbreitet sind.

Sehenswert

Altstadt

| Stadtbild |

Mittelalterlich präsentiert sich die Altstadt mit ihren verwinkelten, teils von Bögen überwölbten Gassen und der Stadtmauer. Den Hauptplatz überragt die Kirche Sveti Juraj (15. Jh.) mit barocker Fassade und Fresken zur Passionsgeschichte. Ihr Glockenturm leuchtet senfgelb. Das Portal des benachbarten Mustačon-Hauses schmückt das Holzschnitzwerk eines »Muselmanenkopfes« mit Turban und einem ornamental wuchernden Schnurrbart.

Kaštel

| Wehrturm |

Der massive Stadtturm – der Reste des Kastells aus dem 12. Jh. enthält – wurde hübsch saniert. Im Inneren sind Wechselausstellungen regionaler Künstler zu sehen. Steigt man hinauf, lässt sich ein schöner Panoramablick auf Lovran und die Kvarner-Bucht genießen.

■ Trg slobode 1

Lungomare

| Uferpromenade |

Auf dem Lungomare, der am Hafen beginnenden Uferpromenade Richtung Opatija, passiert man üppige Grünanlagen, einige Grandhotels sowie die reizvolle Badebucht Kupalište Kvarner am subtropisch bepflanzten Park Komušćak. Wenige Schritte weiter kommt die um 1900 vom Wiener Architekten Carl Seidl entworfene Villa Frappart ins Blickfeld. Sie vereint kostbare Materialien wie farbigen Marmor aus Verona (rosa), Siena (gelb) und Griechenland (blau) und feinstes belgisches Kristallglas für die Fenster in einem harmonischen Stilmix aus venezianischer Gotik und floralem Jugendstil.

Restaurants

€€ | Konoba Kali Traditionelle Gerichte der Liburnia-Region nach alten Rezepten zubereitet und große überdachte Terrasse mit Blick übers Meer. Im Dorf Kali oberhalb von Medveja zu Füßen des Učka-Gebirges. ■ Kali 39 a, Medveja, Tel. 051/29 32 68, www.konobakali.hr

Cafés

Gradska Kavana Das schöne Café offeriert Gebäck, Sandwiches, Cocktails sowie diverse Frühstücksvarianten. ■ Maršala Tita 41

Einkaufen

Peperoncino Regionale Köstlichkeiten wie Olivenöl, Trüffeln, Učka-Käse und

Das Mädchen mit der Möwe an der Hafeneinfahrt ist das Wahrzeichen von Opatija

Weine von sehr guter Qualität gibt es in dem freundlichen kleinen Laden in der Altstadt. ■ Stari grad 13, www.facebook.com/PeperoncinoLovran

Events

Die **Kastanienwälder** an den Učka-Hängen über Lovran tragen im Herbst Edelkastanien, die bei der Marunada im Oktober zu Likör, Kuchen und anderen Köstlichkeiten verarbeitet werden. Berühmt sind auch die **Kirschen** von Lovran, aus denen die Einheimischen bei den Kirschtagen im Juni einen 10 m langen Strudel backen.

In der Umgebung

Medveja

| Strand |

Auch an dem von Pinien beschatteten schönen Kieselstrand von Medveja, 4 km südlich von Lovran, breiten die Einheimischen gern ihr Badetuch aus.

25 Opatija

Mondänes Seebad der K.u.k.-Epoche an einer herrlichen Uferpromenade

Information

■ TIC, Ulica maršala Tita 128, 51410 Opatija, Tel. 051/271310, www.visitopatija.com

Grandhotels im Stil des Fin de Siècle und prachtvolle Belle-Époque-Villen, umrahmt von einer blütenreichen subtropischen Vegetation, machen den Charme Opatijas (12 000 Einw.) aus. Das traditionsreiche Seebad, das der Jetset der Donaumonarchie schon Mitte des 19. Jh. als »Perle der Adria« und angesagten Kurort schätzte, bezaubert heute mit seinem nostalgischen Glanz und einer langen Uferpromenade.

Den Grundstein für den modernen Bädertourismus legte der wohlhabende Kaufmann Iginijo Scarpa aus Rijeka, der

1845 eine Villa mit Park errichten ließ und sie nach seiner verstorbenen Gemahlin Angiolina benannte. Schwung in Opatijas Karriere als mondänes Seebad brachte 1873 die Verlängerung der Schienenstrecke der Kaiserin-Elisabeth-Südbahn Wien–Triest bis zur zur Bahnstation Opatija-Matulji. Im Sozialismus blätterte der Glanz des Ortes ein wenig, heute überbieten sich die Hotels an Bequemlichkeit und Luxus.

Sehenswert

Muzej turizma

| Museum |

Die neoklassizistische Villa Angiolina im gleichnamigen Park war im ausgehenden 19. Jh. der Treffpunkt der gesellschaftlichen Crème de la Crème. Ihre eleganten Säle bieten heute den prunkvollen Rahmen für das Tourismusmuseum: Historische Reiseführer, Ansichtskarten und Strandutensilien vermitteln ein Bild des einstigen Ferienalltags. Eingebettet in eine wunderbare Grünanlage mit Mammut- und Zitronenbäumen, Palmen, Tamarisken und Kamelien mutet diese wie ein botanischer Garten an.

■ Park Angiolina 1, www.hrmt.hr, Di–So 10–18 Uhr, 20 HRK, erm. 10 HRK, unter 10 Jahren frei

Lungomare

| Uferpromenade |

6 *Wo schon der österreichische Kaiser am Meer flanierte*

Die Uferpromenade, meist Lungomare genannt, führt 12 km von Lovran nach Volosko, an beeindruckenden Jugendstilhotels wie dem Hotel Kvarner mit Kristallsaal und großen Lüstern vorbei. Im angrenzenden Park Sveti Jakov erinnert die gleichnamige kleine Kirche aus dem 15. Jh. an die ursprünglich hier errichtete Benediktinerabtei, die Opatija den Namen gab. Der 1900 errichtete Pavillon Šporer mit seinen schlanken Säulen wird heute als Kunstgalerie genutzt. Das Wahrzeichen von Opatija ist die im Jahr 1956 vom Kvar-

Der Lungomare verbindet die Villenorte an der Riviera von Opatija miteinander

ner-Künstler Zvonko Car geschaffene Bronzestatue »Mädchen mit Möwe«.

Parken

Entlang der Hauptstraße Ulica maršala Tita findet sich mit ein wenig Glück ein Parkplatz. Größter ist die Chance im **Parkhaus Slatina**, nahe des Hotels Galeb (Ul. maršala Tita 166, www.garageopatija.hr, 10 HRK/Std.).

Restaurants

€€€ | Plavi Podrum Gourmet-Tempel mit frischem Fisch und Schalentieren am Hafen von Volosko. ■ Obala F. Supila 6, Volosko, Tel. 051/70 12 23, www.plavipodrum.com

Kinder

In der Nähe des Hotel Ambassador erstreckt sich der neu gestaltete, flache Kieselstrand **Tomaševac** mit betonierter Liegefläche und Einstiegsleitern: Eine kleine Wasserrutsche, einen Sandspielplatz und ein Strandcafé gibt es dort. Auch am bekanntesten Strand Opatijas, **Slatina**, führen Leitern und Stufen von der Betonfläche ins Meer.

In der Umgebung

Volosko, Ičići und Ika
| Küstenorte |
Entlang der Riviera von Opatija gehen mehrere Ortschaften fast nahtlos ineinander über: Das frühere Fischerdorf Volosko verfügt über einen kleinen Hafen, um den sich sehr gute Fischrestaurants gruppieren. Ičići und Ika bieten hübsche Strände und sind ein guter Startpunkt für Wanderungen ins Ucka-Gebirge hinauf.

26 Rijeka

7 *Europäische Kulturhauptstadt mit urbanem Hafenflair*

Information

■ TIC, Korzo 14, 51000 Rijeka, Tel. 051/33 58 82, www.visitrijeka.hr, Juni–Mitte Okt. Mo–Sa 8–20, So 8–14, Mitte Okt.–Ende Mai Mo–Fr 8–19.30, Sa 8–13.30 Uhr

Eine gesichtslose Hafenmetropole, die man nicht unbedingt sehen muss. Dieses negative Image haftete Rijeka lange an. Seit ein paar Jahren ist die nach Zagreb und Split drittgrößte Stadt Kroatiens (121 000 Einw.) jedoch wieder angesagt und wurde sogar zur Europäischen Kulturhauptstadt 2020 gekürt. Der Titel hat der Rijeka weiteren kulturellen Auftrieb gegeben, den man an vielen Orten spürt: Kunstinstallationen zieren Ampeln, historische Tunnels und Militärobjekte wurden für Besucher geöffnet, Titos frühere Luxusjacht »Galeb« wird vom Rost befreit, und die graffitibesprühte alte Zuckerfabrik hat nun dem Museum für zeitgenössische Kunst Unterschlupf gewährt.

Überhaupt feiert sich Rijeka, was eigentlich nur Fluss heißt, gerne selbst – etwa mit dem größten Karnevalsumzug in Südosteuropa. Die wechselvolle Geschichte – einst ungarischer K.u.k.-Seehafen, für einige Jahre Zentrum des Freistaats Fiume und später unter italienischer Herrschaft – zeigt sich bis heute in einer spannenden Mischung aus Jugendstilfassaden und sozialistischen Hochhäusern am Stadtrand. Hier essen und feiern Sie mit den Einheimischen – doch rasch, ehe sich herumgesprochen hat, wie angenehm aufregend die Stadt wirklich ist.

Sehenswert

Hrvatsko narodno kazalište Ivana Zajca

| Nationaltheater |

Vanilleeisgelb leuchtet die Fassade des Theaters, das nach dem aus Rijeka stammenden Komponisten Ivan Zajc benannt ist. Der Neorenassancebau aus dem 19. Jh. stammt vom Wiener Architektenbüro Fellner & Helmer. Jede Stadt, die auf sich hielt, gönnte sich damals ein Theatergebäude dieses Architektenteams. Das Ebenbild des Komponisten steht im gepflegten Kazališni park, mit Bänken zum Ausruhen.

■ Uljarska 1, www.hnk-zajc.hr

Gradska tržnica

| Markthallen |

Kaum betritt man die gut 100 Jahre alte Fischhalle, steht man schon mittendrin: Frische Sardinen, Doraden und Garnelen liegen auf Eis gekühlt auf Verkaufstischen. Auch wenn Sie nichts kaufen möchten, lohnt das geschäftige Ambiente einen Besuch. Die beiden anderen Markthallen von 1880, ebenfalls Glas- und Stahlkonstrukte, wurden durch die kleinteilige Parzellierung im Inneren stark verändert. Der hübsche Fassadenschmuck passt zum Thema Früchte und Pflanzen. An den Ständen im Freien wird überwiegend regionales Obst und Gemüse verkauft (nur am Vormittag).

ADAC Wussten Sie schon?

Auch Rijeka hat einen **schiefen Turm**: Der Glockenturm der Mariä-Himmelfahrts-Kirche (Uznesenja Marijino) neigt sich 40 cm zur Seite. Schuld ist unterirdisches Gewässer des Baches Lešnjak.

ADAC Wussten Sie schon?

Rijeka war von 1919 bis 1945 eine **geteilte Stadt**: Der Stadtteil Sušak, östlich des Flusses Rječina, gehörte zu Jugoslawien und wurde zum Seehafen ausgebaut. Die übrige Stadt, ohne Hinterland, fristete hingegen unter italienischer Herrschaft als Fiume ein Schattendasein. Auf dem weitläufigen Tito-Platz und entlang des Mrtvi kanal (»Toter Kanal«) erinnert eine 2018 als Kunstprojekt eingezeichnete rote Linie auf dem Boden, wo die einstige italienisch-jugoslawische Grenze verlief.

Riva

| Uferstraße |

Die Riva säumen hübsche Fassaden, etwa das Neorenaissancegebäude Jadran-Palast (Riva 16), dessen Hauptfassade Steuermann, Kapitäne und Offiziere zieren. Das Bauwerk wurde im Jahr 1897 für eine ungarische Reederei errichtet, heute hat die kroatische Fährreederei Jadrolinija hier ihren Hauptsitz. Beinahe gegenüber, im Hafenbecken, zieht sich der rund 2 km lange Wellenbrecher Molo Longo, den die Bewohner gerne für Spaziergänge nutzen, entlang.

Kapucinska crkva

| Kirche |

Die monumentale neugotische Kapuzinerkirche, die der Muttergottes von Lourdes (Crkva Gospe Lurdske) geweiht ist, besticht mit einer braun-weiß gestreiften Fassade. Ein doppelläufiger Treppenaufgang führt hinauf in die Oberkirche (1929) mit schmucken Buntglasfenstern, während die Unterkirche (1904) ebenerdig zu erreichen ist. Für einen Glockenturm haben die Spendengelder damals nicht gereicht, denn er fehlt bis heute.

■ Kapucinske stube 5, tgl. 7–12, 16–20 Uhr

Korzo

| Flaniermeile |

In der autofreien Flaniermeile, die nach dem großen Erdbeben 1750 angelegt wurde, trifft man sich zum Shoppen und Bummeln. Straßencafés laden zu einer Kaffee- oder Eispause ein. Schön restaurierte Paläste und Bürgerhäuser wechseln sich mit gesichtslosen sozialistischen Bauten ab. Architektonischer Höhepunkt des Korzo ist der 1873 errichtete, vanilleeisgelbe barocke Stadtturm (Gradski toranj) mit achteckigem Kuppeldach, einer Uhr und Habsburger Doppeladler. Der Turmdurchgang führt zum umgestalteten Koblerov trg, den einladende Restaurants und Cafés säumen. In Richtung Kathedrale verstecken sich Reste eines römischen Tors und Ausgrabungen, umgeben von Wohn- und Bürohäusern.

Katedrala Sveti Vid

| Kathedrale |

Eine hübsche Rotunde im Stil venezianischen Barocks und eine imposante Kuppel, die auf mächtigen Pfeilern ruht: Diese Elemente prägen die dreischiffige Kathedrale Sveti Vid, deren Bauzeit sich ab 1638 stolze 96 Jahre hinzog, da die Mittel knapp waren.

■ Grivica 11, tgl. 9–12, 16–18/20 Uhr

TunelRI

| Militärtunnel |

Der erste Militärtunnel in Rijeka wurde vor wenigen Jahren für Besucher freigelegt und ist 330 m lang. Errichtet wurde er von der italienischen Armee zu Beginn des Zweiten Weltkrieges – um die Bevölkerung vor Luftangriffen der Alliierten zu schützen.

Rijekas Flaniermeile Korzo wartet mit einem Mix verschiedener Stilrichtungen auf

■ Eingang neben der Kathedrale Sveti Vid und neben der Grundschule Dolac, tgl. 10–20 Uhr, Eintritt frei

Prirodnoslovni muzej

| Museum |

Meeresbewohner der Adria, aber auch Haie und Rochen zeigt das Naturhistorische Museum modern aufbereitet. Ein Tablet, das Sie an der Kasse bekommen, liefert virtuelle Informationen auf Englisch. Beachtenswert ist der Abguss eines Dinosaurier-Fußabdrucks von der Insel Veli Brijun.

■ Lorenzov prolaz 1, www.prirodnoslovni.com, Sommer 9–20 Uhr, übrige Zeit verkürzt, 10 HRK, erm. 5 HRK

Pomosko-povijesni muzej hrvatskog Primorja

| Museum |

Nur fünf Rettungswesten des versunkenen Luxusdampfers »Titanic« soll es weltweit noch geben, eine davon ist im Marine- und Geschichtsmuseum des Kroatischen Küstenlandes zu sehen, das im Jugendstilpalast des früheren ungarischen Gouverneurs logiert. Der Museumspark birgt ein kleines Lapidarium, ein Nebenflügel beherbergt das Stadtmuseum von Rijeka.

■ Muzejski trg 1, www.ppmhp.hr, Mo 9–16, Di–Sa 9–20, So 16–20 Uhr, 20 HRK, erm. 15 HRK

Peek & Poke Computermuseum und Museum der Kindheit

| Museum |

15 *Kuriose Privatsammlung mit Retro-Technik und -Spielzeug*

Besucher werden in diesem kleinen Sammlermuseum in eine Zeit zurückversetzt, als Pac-Man-Videospiele in den 1980er-Jahren die Welt revolutionieren. Doch auch Retro-Computer, Tonbandgeräte und andere sonst verschwundene Gegenstände begeistern. Vieles darf angefasst und ausprobiert werden. Im Nebengebäude ist im zugehörigen Museum der Kindheit (Muzej djetinstva) nostalgisches Spielzeug von früher zu sehen. Highlight ist eine Lego-Nachbildung des Zagreber Nationaltheaters mit 40 000 Steinen.

■ Ul. Ivana Grohovca 2, www.peekpoke.hr, Mai–Okt. Mo–Fr 14–21, Sa 11–16 Uhr, Nov.–März nach Voranmeldung unter Tel. 091/780 57 09, 30 HRK, erm. 10 HRK (Kombiticket mit Museum der Kindheit 50 HRK)

ADAC Spartipp

Im TIC ist die **Rijeka & Opatija Card** (24/48/72 Std. 50/80/100 HRK) erhältlich: Mit ihr dürfen alle Stadtbusse und der TouristRi-Bus (Hop-on-Hop-off-Bus) genutzt werden, der bis Opatija verkehrt. Zudem gibt es freien Eintritt in einige Museen und Rabatt in Geschäften.
www.autotrolej.hr/turisticki-autobus

Vom Kastell auf dem Hausberg Trsat öffnet sich ein weiter Panoramablick über Rijeka

Kaštel Trsat

| Festung |

16 *Rijekas Hausberg mit Burg, Wallfahrtskirche und tollem Ausblick*

Gut 550 Stufen führen vom Titov trg auf den Hausberg Trsat (138 m) hinauf: Der Treppenweg Trsatske stube wurde 1531 von Petar Kružić angelegt, dem katholischen Heerführer gegen die Osmanen. Oben angelangt, bietet das gut erhaltene Kastell von Trsat aus dem 13. Jh. einen wundervollen Ausblick auf Rijeka und die Kvarner-Bucht.

Gleich in der Nachbarschaft, vorbei an einigen Cafés, erhebt sich die Marien-Wallfahrtskirche Gospe Trsatske (Muttergottes von Trsat) mit angeschlossenem Franziskanerkloster und der sehenswerten Votivkapelle Sv. Nikola (1450): An dieser Stelle sollen der Legende nach Engel das Geburtshaus der Maria von Nazareth einige Jahre zwischengeparkt haben, ehe sie es ins italienische Loreto brachten.

■ Bus Linie 2, Juni–Sept. 9–20, Okt.–Mai 9–17 Uhr, Außengelände bis 23/2 Uhr (siehe ADAC Mittendrin), Eintritt Außengelände frei, Ausstellung 10 HRK, erm. 5 HRK, unter 6 Jahren frei

ADAC Mittendrin

Wenn die Sonne untergeht, zieht es die Einheimischen auf die **Festung**. Dann ist es nicht mehr so heiß, und der Sonnenuntergang taucht Rijeka mit seinen Hochhäusern und die Adria in ein zauberhaftes Licht. Dazu ein Sundowner im **Café Vintage** im Burghof – und der Abend ist perfekt. Aber: Nicht zu spät kommen, denn die Plätze im Café sind an warmen Sommerabenden sehr begehrt (Mo–Do 9–23, Fr–So 9–2 Uhr).

Verkehrsmittel

Taxifahrten sind in Rijeka ein wenig günstiger als anderswo in Kroatien, Stände gibt es am Busbahnhof am Trg Jelačića und am Hauptbahnhof. **Öffentliche Busse** verkehren im 15-Min.-Takt (5–23.30 Uhr). Einzelkarten können beim Fahrer erworben werden, übrige Tickets nur am Kiosk. In der Innenstadt gilt Zone 1 (Tageskarte 20 HRK, einfache Fahrt 15,50 HRK), außerhalb die Zonen 2–4. Städtischer Linienplan unter www.autotrolej.hr. Der Linienbus 32 verkehrt regelmäßig zwischen Rijeka und Mošćenička Draga via Opatija und Lovran. **Öffentliche Fahrräder** gibt es am Molo Longo im Hafen (Sommer 9–21, Winter Fr–So 9–17 Uhr, 0,5 Std. 10 HRK, jede weitere Std. 50 HRK).

Parken

Der größte innerstädtische **Parkplatz Delta** erstreckt sich neben dem Mrtvi kanal und der Mündung der Rječina im Stadtteil Sušak (5 HRK/Std.). Weitere begrenzte Parkmöglichkeiten bestehen vor dem Hauptbahnhof sowie rund um den Hafen.

Restaurants

€–€€ | **Bistro Mornar** Modernes Lokal mit karierten Tischdecken zwischen Hafen und Stadtmarkt, das seinen Gästen Fleisch und Fisch serviert. Tipp: Hier gibt es günstige Mittagsgerichte.

■ Riva Boduli 5 a, Tel. 051/31 22 22, www.facebook.com/bistromornar

17 €–€€ | **Na kantunu** Das helle, freundliche Restaurant ist bei den Einheimischen sehr beliebt. Der Fisch ist hier sagenhaft frisch und exzellent zubereitet, selbst die frittierten

Karneval in Rijeka: Die fünfte Jahreszeit wird auch hier in vollen Zügen gefeiert

Garnelen, Sardinen & Co. schmecken niemals ölig. Draußen sitzt man am Mrtvi kanal, mit Blick auf die alte Containerhalle. Tipp: Mittags werden kleine Gerichte (»marenda«) für unschlagbare 35 HRK serviert, z. B. Sardinen. ■ Demetrova 2, Mo–Sa 8–24 Uhr

Cafés

CukariKafè An eine große Puppenstube erinnert dieses Café mit seiner netten Einrichtung im Vintage-Stil. ■ Trg Jurja Klovića, Tel. 099/8885949, www.facebook.com/cukarikafe, Mo–Do 7–24, Fr, Sa bis 2, So 10–22 Uhr

ADAC Spartipp

Wer eine **»marenda«** bestellt, kann das Urlaubsbudget schonen: So nennt man ein kleines Tagesgericht, das vielerorts angeboten wird. Dabei handelt es sich um eine Art frühes Mittagessen, das vor allem Arbeiter gerne bestellen.

Einkaufen

Croatia in a box Eine kleine, aber feine Auswahl an Kleidung und Taschen kroatischer Designer und Souvenirs führt dieser charmante Laden gegenüber der Kathedrale. ■ Grivica ul. 6 a

Events

Der **Karneval** von Rijeka ist ein Mega-Event: Mehr als 100 000 Zuschauer kommen beim großen internationalen Umzug am Sonntag vor Aschermittwoch auf dem Korzo zusammen.

In der Umgebung

Kastav

| Bergstädtchen |

Der mittelalterliche Ort mit Wehrmauer, nordwestlich von Rijeka gelegen, thront auf 365 m Höhe. Von der Festung bietet sich ein guter Blick auf die Riviera von Opatija. Hier finden Musikfestivals statt, Highlight ist das jährliche Bluesfestival.

Übernachten

An der Riviera von Opatija reihen sich elegante Traditionshäuser mit Stuckfassaden nebeneinander, die gediegenen Komfort versprechen. Generell gilt, dass Opatija einen Hauch elitärer ist, auch preislich, als die Nachbarorte Ika, Ičići oder Volosko, die direkt ineinander übergehen. Auch in der kühlen Jahreszeit ist Opatija ein reizvolles Ziel. Wer es sich leisten kann, feiert hier Silvester. Im urbanen Rijeka gibt es nur wenige Hotels, dafür sind in den vergangenen Jahren mehrere Hostels und zahlreiche Privatunterkünfte entstanden, die über die gängigen Buchungsportale vermietet werden. Achten Sie auf das Qualitätszeichen »Kvarner Family«, das gewisse Standards, etwa eine schöne Einrichtung, garantiert.

Mošćenička Draga 74

€ | **Villa Kleiner** Das familiäre kleine Apartmenthotel mit 11 Wohneinheiten, Pool und Grill bietet einen schönen Blick aufs Meer und ist nur durch die Uferpromenade vom Strand getrennt. ■ Setalište 25. travnja 28, 51417 Mošćenička Draga, Tel. 051/737544, www.villa-kleiner.com

Lovran 76

€€ | **Vila Vera** Die gepflegte, stilvolle Villa mit traditionellen Holzmöbeln liegt direkt am Lungomare. Guter Service. ■ Šetalište maršala Tita 5, 51415 Lovran, Tel. 051/294120

€€ | **Hostel Link** Stylisches Hostel mit Lounge-Bereich in einer alten Villa in Meernähe. Teils Doppel-Stockbetten. ■ Šetalište maršala Tita 9, 51415 Lovran, Tel. 051/202090, www.linkhostel.com

€€€ | **Bristol** Gediegener Komfort mit dem Charme des Fin de Siècle, stellenweise ein wenig in die Jahre gekommen, aber toller Meerblick. ■ Šetalište maršala Tita 27, 51415 Lovran, Tel. 051/710444, www.liburnia.hr/en/hotel-bristol

Opatija 77

€€€ | **Astoria** Prächtiger, 1904 erbauter K.u.k.-Palast in Top-Lage mit Meerblick. Ein wunderbar nostalgisches Haus mit einer schönen Bar! ■ Ulica maršala Tita 174, 51410 Opatija, Tel. 051/711761, www.hotel-astoria.hr

€€ | **Gardenija** Vanilleeisgelbes City-Hotel an der Hauptstraße. Tiefgarage, Spielplatz, leckeres Frühstück. Teils verfügen die Zimmer über Meerblick! ■ Ul. maršala Tita 83, 54410 Opatija, Tel. 051/295015, www.milenijhoteli.hr

Rijeka 79

€€ | **Grandhotel Bonavia** Gut geführtes, alteingesessenes Stadthotel im Zentrum, nur wenige Schritte vom Korzo entfernt. ■ Dolac 4, 51000 Rijeka, Tel. 051/357980, www.bonavia.hr

€€ | **Jadran** Direkt über der Adria, in der Nachbarschaft des Containerterminals (2 km östl. des Zentrums), thront dieses gepflegte Hotel mit 69 Unterkunftseinheiten und kleinem Privatstrand. Unbedingt Meerblick buchen! ■ Šetalište XIII. divizije 46, 51000 Rijeka, Tel. 051/216600, www.jadran-hoteli.hr

Die Inseln der Kvarner-Bucht

Die Inseln sind etwas Besonderes: Sie hüten berühmte Besucherperlen, aber auch ein entschleunigtes Lebensgefühl – mancherorts wie früher

Karstige Kalkfelsen, dunkelgrüne Kiefernwälder und struppige Macchia mit dem Duft von Salbei und Rosmarin – so wunderbar mediterran präsentieren sich die Inseln der Kvarner-Bucht. Die fünf größten unter ihnen offenbaren dem Besucher jeweils ein ganz individuelles Gesicht: Das ausgedehnte Krk lockt mit lebhaften Stränden und einer mittelalterlich ummauerten Inselhauptstadt. Ihre Nachbarin, Cres, gibt sich mit Trockenmauern und silbrig glänzenden Olivenbäumen recht authentisch und ist bei Osor über eine Brücke mit Lošinj verbunden, einer Insel mit zwei hübschen venezianischen Seefahrerstädtchen und immergrünen Kiefernwäldern. Und wer an die Insel Rab denkt, nennt meist die goldgelben Sandstrände und die markanten Glockentürme der gleichnamigen Inselhauptstadt im gleichen Atemzug. Die Insel Pag südlich davon markiert bereits den Übergang zu Dalmatien.

Vielerorts ist die Inselwelt noch so ursprünglich, dass hier die bedrohten weißköpfigen Gänsegeier oder Delfine zu Hause sind. Auf allen Inseln eingestreut sind idyllische Städtchen und Dörfer mit verschachtelt gebauten Häusern, die den Urlaubern unvergessliche Eindrücke bieten.

In diesem Kapitel:

ADAC Top Tipps:

8 Lubenice, Cres
| Bergdorf |
Hoch auf einem Felsen 378 m über der Westküste thronendes Bergdörfchen mit weiß leuchtendem Traumstrand unterhalb davon. 93

9 Altstadt von Rab
| Stadtbild |
Der auf einer schmalen Landzunge gelegene Altstadtrücken erinnert mit seinem Mauerring und seinen vier Glockentürmen manch einen an ein stolzes Segelschiff. 99

ADAC Empfehlungen:

Ein mit einer Zwiebelkuppel bekrönter Glockenturm ragt über die Dächer von Krk

27 Insel Krk

Über die Brücke geht es auf die gut besuchte und beliebte Badeinsel

Information

- TZG (Stadt Krk), Vela placa 1/I, 51500 Krk, Tel. 051/221414, www.tz-krk.hr
- TZ (Insel Krk), Trg sv. Kvirina 1/II, 51500 Krk, Tel. 051/221359, www.krk.hr
- Parken siehe S. 91

Eine weit geschwungene, mautpflichtige Stahlbetonbrücke spannt sich zwischen dem Festland zur Insel Krk hinüber, die dadurch ganz unkompliziert mit dem Auto erreichbar ist: Schöne Strände, komfortable Strandhotels, traditionelle Fischlokale und ein vollmundiger Inselwein – die Pfeiler für einen erholsamen Urlaub sind gesetzt. Entsprechend gut besucht ist die Insel im Sommer, vor allem von Urlaubern aus dem deutschsprachigen Raum. Schon die Römer schätzten die landschaftliche Schönheit von Krk, die sie »Insula Aurora«, die goldene Insel, nannten: Wälder im Westen sowie Olivenhaine und Macchia in der Inselmitte bilden einen schönen Kontrast zum von der Bora blank polierten kargen Norden und dem mittelalterlichen Gassengewirr der Inselhauptstadt Krk im Süden.

Sehenswert

Špilja Biserujka

| Tropfsteinhöhle |

Die nur 110 m lange Tropfsteinhöhle soll in einem ihrer vier Säle einen Schatz hüten, den Schmuggler hier versteckt haben. Das lässt zumindest der Name vermuten, denn »biser« bedeutet im Kroatischen »Perle«. Ein Geländer sichert die Wege ab. In der Nähe lockt das Bergdörfchen Dobrinj mit mehreren Kirchen zum Bummeln ein.

- Rudine 5, www.spilja-biserujka.com.hr, 30 HRK, erm. 20 HRK, unter 5 Jahre frei

Gefällt Ihnen das?

Von den rund 50 Tropfsteinhöhlen auf Krk ist nur eine für die Öffentlichkeit zugänglich, dabei ist es doch so schön kühl darin! Aber: Die **Höhle Vrelo** bei Fužine (S. 111) ist mit konstant 8 °C noch erfrischender, beim Besuch der **Jama Baredine** bei Poreč (S. 26) mit 14 °C kann man die Jacke hingegen getrost im Auto lassen.

Vrbnik

| Bergdorf |

18 *Pittoreskes Weindorf auf Klippen mit wertvollen Handschriften*

Dramatisch drängen sich die Häuser von Vrbnik auf einer rund 50 m hohen Klippe an der Ostküste, während sich zu ihren Füßen ein malerischer Hafen ausbreitet. Der pittoreske Ort mit seinen engen Kopfsteingassen – eine davon, Klančić, misst sogar nur 43 cm! – ist für seinen goldgelben autochthonen Weißwein Vrbnička Žlahtina berühmt, der in den umliegenden Weinbergen angebaut wird. Schnuppern Sie doch mal: Manchmal liegt in den Gassen ein leichter Geruch nach Rebensaft in der Luft. Vrbnik war ab dem späten 14. Jh. eine Glagoliza-Hochburg: Der größte Schatz aus dieser Zeit sind glagolitische Handschriften, wie die illuminierte erste »Vrbniker Missale«, die die Biblioteka Vitezić hütet.

■ Tel. 051/857479, Mo–Fr 13–15 Uhr

Altstadt von Krk

| Stadtbild |

Zwei große Buchten rahmen im Süden der Insel den Hauptort Krk ein. Die Uferpromenade begleiten Jachten, Fischer- und Ausflugsboote, ehe das Stadttor Mala Vrata in ein Labyrinth enger Gassen abzweigt. Auf dem Hauptplatz Vela Placa befand sich zu römischen Zeiten das Forum. Heute prägen Cafés und ein venezianischer Uhrturm mit einem 24-Stunden-Ziffernblatt aus dem 15. Jh. den Platz. Von hier zweigt die Strossmayerova ulica ab, wo es sich schön bummeln lässt.

Katedrala Uznesenja Marijino, Krk (Stadt)

| Kirche |

Die im 12. Jh. errichtete, dreischiffige romanische Mariä-Himmelfahrts-Kathedrale besitzt einen für die Gegend ungewöhnlichen Glockenturm mit einer Zwiebelkuppel. Ihren Turm teilt sich die Kathedrale mit der benachbarten romanischen Kirche des hl. Quirin (Sveti Kvirin, 10./11. Jh.), die den Bischöfen von Krk einst als persönliche Kapelle diente. Im Diözesanmuseum lohnen Sakralgegenstände aus Gold und Silber, ein eindrucksvolles Gemälde von Paolo Veneziano und ein vergoldeter Altaraufsatz einen Besuch.

■ Antuna Mahnića 18

Frankopanski kaštel, Krk (Stadt)

| Kastell |

Dicke Befestigungsmauern erinnern an die Zeit der Fürsten Frankopan, die in den Jahren von 1115 bis 1480 hier regierten: Das Bollwerk wird durch das wuchtige Kastell durchbrochen, das die Stadt vor Piraten schützen sollte und das die Fürsten seinerzeit als Gerichtssaal nutzten. Der runde Verteidigungsturm auf dem angrenzenden Platz ist eine romantische Kulisse für abendliche Konzerte in den Sommermonaten.

■ Trg Kamplin, www.kastel-krk.com, 22 HRK, erm. 15/18 HRK

Košljun

| Klosterinsel |

19 *Verträumte Klosterstille auf winzigem Eiland in einer Jacht-Bucht*

Punat ist ein Badeort mit großer Marina, Wakeboard-Anlage und zahlreichen Eisdielen entlang der Uferpromenade – aber auch Ausgangspunkt für einen Ausflug auf das verträumte Klosterinselchen Košljun. Nur zehn Bootsminuten entfernt breitet sich das fast kreisrunde Eiland aus, das mit grünen Steineichen bedeckt ist. Das dortige Franziskanerkloster hütet eine große Bibliothek mit 30 000 Bänden, zu deren Schätzen glagolitische Schriften gehören. Ein romanisches Kruzifix (12. Jh.) ist der Stolz des Sakralmuseums, eine ethnografische Sammlung zeigt Fischergeräte und anderes.

■ Košljun 1, www.kosljun.hr, April–Okt. Mo–Sa 9.30–17, So 10.30–12.30 Uhr, Taxiboot ab Punat 30–50 HRK (retour), Museum 30 HRK, erm. 10 HRK

Baška

| Badeort |

Einer der beliebtesten Strände Kroatiens erstreckt sich im Süden von Krk: Vela plaža (»Großer Strand«) heißt das fast 2 km lange Sehnsuchtsziel zahlreicher Familien in Baška (1500 Einw.). Für kleinere Kinder ist der flach abfallende Kiesel-Sand-Strand, der von einer Karstlandschaft flankiert wird, ideal. Im Sommer ist hier allerdings ziemlich viel los. Nach dem Badespaß lohnt ein Streifzug entlang der Promenade mit ihren Restaurants und Hotels und durch die verwinkelten Gassen von Baška. Leider auch kein Geheimtipp mehr sind die schönen Buchten, die von der Straße nach Stara Baška abzweigen, und die traumhafte Bucht Vela Luka (Anreise mit dem Taxiboot).

Baščanska ploča

| Steintafel |

Die kleine Kirche Sveta Lucija ist ein berühmter Fundort: Hier tauchte die Tafel von Baška, eine Steinplatte mit eingemeißelten glagolitischen Schriftzeichen aus dem Jahr 1100, auf. Diese Schenkungsurkunde von König Zvonimir an die Benediktiner gilt als eines der ältesten kroatischen Schriftstücke. In der Kirche ist eine Nachbildung der berühmten Tafel zu sehen, die als Altarschranke dient. Das Original wird in Zagreb aufbewahrt.

■ Weiler Jurandvor (1 km nördl. von Baška), www.azjurandvor.com, Juni–Sept. tgl. 9/10–17/19, Juli, Aug. 9–21 Uhr, 25 HRK, erm. 20 HRK

Glagolitischer Pfad

| Skulpturenweg |

Der Glagolitische Pfad führt von Baška zum Pass Treskavac hinauf, den 34 moderne Steinskulpturen säumen, die allerdings einzeln verstreut aufgestellt wurden (Karte bei der TZ).

Verkehrsmittel

Die Maut auf die **Brücke von Krk** (Krčki most) wird nur bei der Auffahrt vom Festland fällig. Sie umfasst auch die Rückreise, ohne erneuten Stopp am Kassenhäuschen. Bei starkem Bora-Fallwind wird die Brücke gesperrt, zumindest für Busse. Der **Flughafen Rijeka/Krk** befindet sich im Norden der Insel, bei Omišalj. Dort sind mehrere Autovermieter ansässig. Shuttlebusse verkehren ins Zentrum von Rijeka (50 HRK/Pers.), mit möglichem Ausstieg in Omišalj und Kraljevica. Ab Valbiska im Süden von Krk legen **Autofähren** auf die Nachbarinseln Cres (Merag) und Rab (Lopar) ab (www.jadrolinija.hr).

Von Baškas beliebtem Strand reicht der Blick hinüber zur karstigen Insel Prvić

Parken

In Baška befindet sich der **Parkplatz TMT** (Ulica Emila Geistlicha 46, 90 HRK/Std., 60 HRK/Tag) in Strandnähe. Unweit des **Camp Zablače** (Ul. Zablače) gibt es zwei weitere große Parkplätze. In Krk (Stadt) stehen in der Nähe von Kreisverkehr und Busbahnhof kostenpflichtige Parkplätze bereit, die in der Hauptsaison sehr begehrt sind.

Restaurants

€€–€€€ | Nada Die beliebte Konoba bietet originelle Genüsse: Salzfisch, Lamm von der Insel und Scampi-Risotto. ■ Glavača 22, Vrbnik, Tel. 051/85 70 65, www.nada-vrbnik.hr

€€€ | Rivica Das bekannte Traditionslokal am Hafen serviert seinen Gästen frisch zubereitete Meerestiere und kroatische Weine. Schöne Terrasse mit Meerblick. ■ Ribarska obala 13, Njivice, Tel. 051/84 61 01, www.rivica.hr

Events

Mittelalter-Jahrmarkt Lovrečeva Auf dem Programm stehen Gaukler, Folklore und Konzerte in der Altstadt sowie im Hafen von Krk. ■ 8.–10. Aug.

28 Insel Cres

Ursprüngliche Insel mit Trockenmauern und seltenen Gänsegeiern

Information

■ TZG, Peškera 1, 51557 Cres (Stadt), Tel. 051/57 15 35, www.tzg-cres.hr

■ Parken siehe S. 94

Beschauliche Ruhe und eine kontrastreiche Natur machen den Reiz der

Karge Vegetation und ein felsiger Untergrund prägen den Nordosten von Cres

dünn besiedelten Insel Cres (2900 Einw.) aus: Die Landschaft wechselt von der steil abfallenden Küste im Norden über karstige Anhöhen hin zu den von charakteristischen Trockenmauern durchzogenen, kargen Schafweiden in der Inselmitte und zur immergrünen Macchia im Süden. Über eine Länge von 66 km zieht sich die schmale Insel bis zu ihrer südlichen Nachbarin Lošinj, mit der sie über eine winzige Brücke verbunden ist.

Sehenswert

Beli

| Bergdorf |

Eine schmale Straße schraubt sich in das idyllische Gebirgsdörfchen Beli an der Ostküste hinauf, das 130 m über einem schönen Strand thront. Im Dorf kümmert sich das Ökozentrum Priroda um die selten gewordenen weißköpfigen Gänsegeier: Die größten Greifvögel Europas, mit einer Flügelspannweite von 3 m, lassen sich mit Glück auch hoch am Himmel erspähen. In Kroatien zählt man nur noch 100 Paare. Im Besucherzentrum gibt es Infos über die Arbeit des Ökozentrums.

■ www.belivisitorcentre.eu, Juni–Aug. tgl. 10–18, April, Mai, Sept., Okt. 10–16, Okt.–März 10–14 Uhr, 40 HRK, erm. (7–14 Jahre) 20 HRK, unter 7 Jahren frei

Tramuntana

| Gebirgszug |

Grandiose Ausblicke genießt man von der schmalen Straße, die vom Fährhafen Porozine den rund 450 m hohen Bergsattel der Tramuntana erklimmt. Zu beiden Seiten fällt steil die zerklüftete Küste zum Meer hin ab. Wanderlehrpfade werden von Steinskulpturen mit Glagoliza-Versen gesäumt, zudem werden Einblicke in die Flora und Fauna der Umgebung gewährt.

Cres (Stadt)

| Inselhauptstadt |

Die gleichnamige Inselhauptstadt Cres wirkt beschaulich: Im alten Hafen Mandrač gruppieren sich pastellfarbene Bürgerhäuser vor auf Wasser schaukelnden Fischerbooten. Die Gassen prägen venezianische Palazzi und Bürgerhäuser, auf dem Hauptplatz Trg Frane Petrića vor dem uhrengeschmückten Renaissancetor zur Altstadt lässt sich prima ein Espresso trinken.

Im spätgotischen Patrizierpalais Palača Arsan zeigt das Stadtmuseum (Gradski muzej) u. a. Amphoren, die von einem in der Nähe gesunkenen Handelsschiff aus dem 2. Jh. stammen. Hinter dem Tor fällt die dreischiffige Kathedrale

Sveta Marija Snežna mit feinem Steinmetz-Portal ins Auge. Südlich des alten Hafens gelangt man zum Franziskanerkloster (Sv. Franjo, 14. Jh.), dessen Kreuzgang gerne für stimmungsvolle Sommerkonzerte genutzt wird.

■ Stadtmuseum: Ribarska 7, Tel. 051/ 34 49 63, April–Mitte Juni, Mitte Sept.–Mitte Okt. Di–Fr 10–13, Mitte Juni–Mitte Sept. Di–So 10–13, 19–23 Uhr, 10 HRK

Valun

| Fischerdorf |

Ein Ausflug per Boot oder mit dem Auto über eine schmale Landstraße führt in das 10 km südlich von Cres gelegene Fischerdorf Valun (60 Einw.). Ein schöner Kiesstrand rahmt die azurblaue Bucht ein, hier kann man das Badetuch prima ausbreiten.

Die kleine Pfarrkirche Sveta Marija hütet ein kulturhistorisches Kleinod: die Steintafel von Valun (Valunska ploča), eine zweisprachige, in Latein und Glagoliza verfasste Grabinschrift aus dem 11. Jh., die hier entdeckt wurde.

Lubenice

| Bergdorf |

8 *Traumhaftes Dörfchen auf einer Klippe mit steilem Strandweg*

Dramatisch thront das winzige Dörfchen auf einem Felsen, 378 m hoch über der Westküste. Von hier bietet sich ein herrlicher Blick über Cres und die Kvarner-Bucht. Lubenice bezaubert mit zwei kopfsteingepflasterten Gassen, Natursteinhäusern mit schmalen Durchgängen und gleich fünf Kirchen und Kapellen. Im alten Schulgebäude informiert ein kleines Schafmuseum über die alte Inseltradition.

Sensationell gelb leuchtet der Feinkiesstrand Sveti Ivan unterhalb von Lubenice, ein steiler Serpentinenpfad schraubt sich dort hinunter (45 Min. bergab und die doppelte Zeit bergauf, Wanderschuhe und unbedingt ausreichend Getränke mitnehmen!).

Südlich davon lockt die Blaue Grotte (Plava grota) in der Zanja-Bucht mit einem türkisblauen Farbspiel, das durch den Lichteinfall entsteht (Wan-

Nach einem steilen Fußweg vom Dorf Lubenice erreicht man diesen herrlichen Strand

Majestätisch thront der Ort Lubenice auf einem 378 m hohen Felsplateau

derschuhe mitführen!). Bequemer geht es mit dem Ausflugsboot von den umliegenden Orten zur Grotte.

Osor

| Brückendorf |

Südlichstes Städtchen auf Cres ist das verträumte Osor, das sich vis-à-vis von Lošinj auf einer flachen Landzunge ausbreitet. Die Römer hatten hier einstmals den schmalen Kanal ausgehoben, der die Handelsroute der Bernsteinstraße verkürzte – heute verbindet eine Schwenkbrücke die beiden Inseln miteinander und wird zweimal täglich für Schiffe geöffnet (9 und 17 Uhr). Reste einer 4000 Jahre alten Stadtmauer umgürten Osor, das einst sogar Verwaltungszentrum der Insel war. Der schmucke Hauptplatz, früher das römische Forum, wird vom Rathaus mit einem Lapidarium und dem Stadtmuseum flankiert. Die Highlights dort: eine archäologische Sammlung und ein Modell des mittelalterlichen Osor im ersten Stockwerk. Der frühere Bischofspalast aus dem 15. Jh. dient heute als Gemeindehaus. Osor prägt ein Orchester aus Bronzefiguren, das von kroatischen Künstlern entworfen wurde – eine Hommage an die sommerlichen Konzerte.

Verkehrsmittel

Die Insel Cres wird per **Fähre** von Brestova an der istrischen Westküste (25 Min.) angesteuert. Alternative: die Autofähre Valbiska (Krk)–Merag (Cres).

Parken

Die Stichstraße nach **Lubenice** ist äußerst schmal und beiderseitig mit Trockenmauern gepflastert, mit größeren Fahrzeugen wird das ständige Ausweichen in der Hauptsaison zum Geduldspiel. In **Beli** gibt es wenig Parkmöglichkeiten, die Stichstraße bietet größeren Fahrzeugen ebenfalls kaum Ausweichmöglichkeiten. Die Zufahrt nach **Valun** ist nur zur Anlieferung gestattet, hier befindet sich ein kostenpflichtiger Parkplatz oberhalb des Ortes. In der Stadt **Cres** kann man bei der Ölmühle (Uljara) gegen Gebühr parken.

Restaurants

€€ | Hibernicia In dieser urigen Konoba kommen hervorragende Lammgerichte, für die die Insel Cres berühmt ist, auf den Tisch. ■ Lubenice 17, Lubenice (Ort), Tel. 051/525040

€€ | Nonina Konoba Taverne mit rustikaler Sommerterrasse im Dörfchen Stivan, in der das Lamm unter der »Peka«-Schmorglocke (Vorbestellung) eine Empfehlung wert ist. ■ Stivan 61, Stivan (Ort), Tel. 092/2296190

Einkaufen

Die schmucke Stadtloggia von Cres (15. Jh.) verwandelt sich am Vormittag in einen **Bauernmarkt**.

Events

Traditionsreiche **sommerliche Konzerte**, Osorske glasbene večeri genannt, finden im Juli und August in Osor sowie in Lubenice (nur Fr) statt.

ADAC Mobil

In den vergangenen Jahren haben sich **Wildschweine** auf Cres stark vermehrt, vor allem im Norden rund um Beli und im Tramuntana-Gebirge. Fahren Sie daher vorsichtig, vor allem bei Dunkelheit!

29 Insel Lošinj

Vitale Insel mit romantischer Seefahrerstadt und mildem Mikroklima

Information

■ TZ, Priko 42, 51550 Mali Lošinj, Tel. 051/231884, www.visitlosinj.hr. Das Büro ist auch für Veli Lošinj, Susak, Srakane, Ilovik und Unije zuständig

■ Parken siehe S. 97

Das milde Klima, eine hübsche Meeresküste mit würzig duftenden Pinienwäldern und üppiger, teils tropischer Vegetation machten die 31 km lange und recht schmale Insel zu einem beliebten Urlaubsziel. Schon der K.u.k.-Hochadel schätzte diese Annehmlichkeiten: Er verbrachte die gemäßigten Wintermonate dort zur Kur, flanierte auf schattigen Spazierwegen am Ufer entlang und baute sich imposante Villen, die bis heute an die illustren Gäste erinnern. Die Kuren sind heute zwar ein wenig in den Hintergrund gerückt, dafür stehen bei den meisten Urlaubern Badespaß und Wassersport hoch im Kurs.

Sehenswert

Mali Lošinj
| Stadtbild |
Mali Lošinj ist mit seinen rund 6000 Bewohnern der größte Inselort und wichtigster Hafen. Wer baden will, findet in der Nachbarschaft zahlreiche Buchten und Strände, vor allem entlang der südlich benachbarten und von Kiefern bewachsenen Halbinsel Čikat. Hier stehen, teils restauriert, einige der repräsentativen Adels- und Kapitänsvillen aus der Wende vom 19. zum 20. Jh. Die kunstvollen Kapitänsgräber

des Friedhofs erzählen die Geschichte der Seefahrerinsel auf ihre Weise. Von hier verlagerte sich Ende des 17. Jh. das Ortszentrum zu der am Hang erbauten Kirche Male Gospe mit dem dazugehörigen Kirchplatz. Das dreischiffige barocke Gotteshaus soll Reliquien des hl. Romulus bergen. Lebhaft geht es auf dem dreieckigen, von Bürgerhäusern flankierten Hafenplatz Trg Republike Hrvatske zu, der in die breite, lang gestreckte Riva Lošinjskih Kapetana übergeht. Vor allem in den Abendstunden mutiert sie mit ihrer Vielzahl von Cafés und Restaurants zur Flaniermeile.

Palača Fritzy, Mali Lošinj

| Museum |

Im Fritzy-Palast, dem früheren Rathaus der Stadt, werden in der Kunstgalerie zwei bedeutende Kunstsammlungen ausgestellt, die italienische Maler aus dem 16. bis 20. Jh. und kroatische Meister (20. Jh.) präsentieren.

■ Ul. V. Gortana 35, Tel. 051/23 38 92, www.muzej.losinj.hr, Ende März–Mitte Juni Di–Fr 10–13, 18–20, Sa 10–13, Mitte Juni–Mitte Sept. Di–So 10–13, 19–22 Uhr, übrige Zeit verkürzt, 35 HRK, erm. 25 HRK

ADAC Wussten Sie schon?

Ein Weg durch den Pinienwald führt zur Wallfahrtskirche am **Kap Annunziata**, wo ein- und auslaufende Schiffe bestens zu beobachten sind. Früher stoppten Kapitäne und Matrosen hier zum letzten Gebet mit ihren Frauen, bevor es auf See ging. Bis heute ein alter Brauch: Wenn sie an dieser Stelle ein Sirenensignal ertönen lassen, bedeutet das, dass der Kapitän des passierenden Gefährts von der Insel Lošinj stammt.

Muzej Apoksiomena, Mali Lošinj

| Museum |

20 *Antike Bronzefigur vom Meeresgrund, geschickt in Szene gesetzt*

Das moderne Apoxyomenos-Museum ist im hübsch restaurierten Kvarner-Palast am Meer untergebracht. Es widmet sich der Bergung und Restaurierung eines griechischen Athleten, Apoxyomenos (Apoksiomen), der wohl aus dem 4.–3. Jh. v. Chr. stammt. 1999 wurde die Statue bei Lošinj auf dem Meeresgrund geborgen und restauriert. Sie reiste lange Jahre um die Welt, mit Stopp im Pariser Louvre und im British Museum in London. Nun ist die berühmte Skulptur wieder vor Ort.

■ Riva lošinjskih kapetana 13, Tel. 051/73 42 60, www.muzejapoksiomena.hr, Ostern–Mitte Juni, Mitte Sept.–Mitte Okt. 9–18, Mitte Juni– Mitte Sept. 9–22, Mitte Okt.–Ostern 9–17 Uhr, 75/50 HRK, erm. 40/25 HRK

Miomirisni otočni vrt, Mali Lošinj

| Kräutergarten mit Laden |

Sehenswert ist der mediterrane Insel-Kräutergarten am Stadtrand – in dem es köstlichen Limoncello, Seifen und Gewürze zu kaufen gibt.

■ Ul. braće Vidulić, Tel. 098/32 65 19, www.miomirisni-vrt.hr, März–Juni, Sept.–Dez. 8–15, Juli, Aug. 8.30–12.30, 18–21 Uhr, Eintritt frei

Veli Lošinj

| Stadt |

Auch wenn »mali« klein bedeutet und »veli« groß, steht der Ort Veli Lošinj Ort am Fuß des Berges Sv. Ivan nach Einwohnerzahl (knapp 1000) und Bedeutung an zweiter Stelle. Allerdings war es ursprünglich die erste Siedlung auf

Bunte Häuser mit Terrassencafés säumen den engen Hafen von Veli Lošinj

der Insel. Im Hafen liegen Fischerboote, den winzigen Platz an der spitz zulaufenden, fjordähnlichen Meeresbucht rahmt ein Ensemble von bunt angestrichenen schmucken Häusern. Viele der Villen in den schmalen Ortsgassen am Fuß des Berges Sveti Ivan wurden einst von wohlhabenden Kapitänen der Seefahrerinsel erbaut. Blickfang ist die mächtige Barockbasilika Sveti Antun aus dem Jahr 1774 direkt am Hafenbecken, die eine reiche Bildersammlung italienischer Meister hütet. Der wuchtige, nur 17 m hohe Wehrturm am Ende des Hafenbeckens sollte ab 1445 Piratenangriffe abwehren – heute hat hier die Geschichte der Stadt und der Uskoken einen adäquaten Platz auf mehreren Stockwerken bekommen. In der näheren Umgebung von Veli Lošinj hat eine Kolonie von bis zu 150 Delfinen ihr Zuhause gefunden (siehe Im Blickpunkt, S. 98).

■ Museum: Juli, Aug. Di–So 10–13, 19–22 Uhr, übrige Zeit verkürzt, 35 HRK, erm. 25 HRK, unter 12 Jahren frei

Parken

In **Mali Lošinj** bietet sich ein gebührenpflichtiger Parkplatz am Hafen an, in **Veli Lošinj** wird oberhalb des Hafens geparkt.

Verkehrsmittel

Die **Drehbrücke in Osor** wird um 9 und 17 Uhr für den Schiffsverkehr geöffnet, Autos müssen dann warten. Die **Autofähre** nach Mali Lošinj verkehrt ab Zadar, mit der **Personenfähre** können Sie ab Pula oder Rijeka anreisen. Vom langen Pier in Mali Lošinj legen zahlreiche Ausflugsschiffe ab, die Urlauber zu den kleineren Inseln im Archipel oder Badeplätzen bringen.

Im Blickpunkt

Große Tümmler mit empfindlichem Gehör

Der zunehmende Lärm unter Wasser, etwa durch Bauprojekte, macht Delfinen ganz schön zu schaffen: Ihr Orientierungssinn wird dadurch empfindlich gestört. Der Lärmpegel, dem die Großen Tümmler ausgesetzt sind, wird im Ökozentrum Plavi svijet (Blue World) in Veli Lošinj demonstriert. Dort erfahren Besucher auch, wie die rund 200 Delfine rund um Lošinj und Cres leben. Wer die bedrohten Meeressäuger in der Natur erleben möchte, kann mit den Experten des Ökozentrums auf Beobachtungstour aufs Meer hinausfahren. Am 1. Juli wird der »Tag des Delfins« mit Aktionen gefeiert. Wer möchte, kann auch einen Delfin adoptieren – und dadurch die Arbeit des Schutzzentrums unterstützen. *Kaštel 24, Veli Lošinj, Tel. 051/60 46 66, www.blue-world.org, Nov.–Mai Mo–Fr 10–14, Juni, Sept. tgl. 10–20, Juli, Aug. tgl. 10–21 Uhr, Beobachtungstouren: www.dolphin-watching.com (350 HRK, erm. 280 HRK)*

Restaurants

€€€ | Olive Tree Modernes, freundliches Restaurant, raffinierte Gerichte und vorzüglicher Kuchen. Im Gastgarten sitzt man romantisch unter Olivenbäumen. ■ Garina 14, Veli Lošinj, Tel. 051/ 26 86 97, www.hotel-vilaconte.com

Wandern

Der Höhenzug **Osoršćica** im Norden der Insel eignet sich für Wanderungen: Südlich von Nerezine geht es auf den Gipfel Televrina (588 m) hinauf – von hier aus bietet sich eine schöne Fernsicht über das ganze Kvarner Archipel (ca. 5 Std., gute Schuhe anziehen!).

30 Lošinjer Inseln

Autofreie einsame Inselparadiese mit hübschen Badeplätzen

Ruhe und Abgeschiedenheit in weitgehend unberührter Natur bieten die kleinen Eilande Unije (17 km^2), Susak (4 km^2), Vele Srakane (1 km^2) und Ilovik (6 km^2) in westlicher und südöstlicher Nachbarschaft Lošinjs. Besonders beliebt ist Susak mit seinen Sandstränden. Vom Hafenareal von Donje Selo mit hübschen Restaurants und Supermarkt führt ein steiler Hohlweg in den alten Ortskern von Gornje Selo mit der Pfarrkirche Sveti Mihovil, die ein romanisches Holzkruzifix (12. Jh.) hütet.

Auf Unije kann man durch steppenähnliche Insellandschaft zum Leuchtturm am Südkap oder auf den Berg Kalk (132 m) wandern. Die 2,5 km lange Insel Vele (»Großes«) Srakane (8 Einw.) verspricht wildromantische Badebuchten und die Reste einer prähistorischen Wallburg auf dem 60 m hohen Hügel. Auf Male (»Kleines«) Srakane lebt nur ein Ehepaar. Die blühende »Blumeninsel« Ilovik bietet ebenfalls schöne Badebuchten, die zu Fuß vom Hafen aus erreichbar sind. Personenfähren verkehren ganzjährig ab Rijeka und Mali Lošinj, Autos werden nicht befördert (www.jadrolinja.hr). Ausflugsboote legen von Mali Lošinj ab.

31 Insel Rab

Sandstrände, Sonnenschein und Altstadtgassen sorgen für Abwechslung

Information

- TIC, Trg Municipium Arba 8, 51281 Rab, Tel. 051/72 40 64, www.rab-visit.com
- TZ, Lopar 284, 51281 Lopar, Tel. 051/77 55 08, www.lopar.com
- Parken siehe S. 103

Die wohl schönste Insel in der Kvarner-Bucht überrascht auf der dem Festland zugewandten Seite mit einer kargen Landschaft, die vom Bora-Fallwind blankgefegt wurde. Die andere Seite präsentiert sich hingegen grün, mit Kiefern, Steineichen und Pappeln, während in der windgeschützten Inselmitte Gemüse kultiviert wird. Überhaupt spiegelt sich das Grün auch im früheren Namen der Insel: Sie hieß zu römischen Zeiten »Arba«, was »grün« oder »dunkel« (aufgrund der dichten Wälder, die es damals noch gab) heißen kann, später wurde die Insel »Felix Arba«, das glückliche Arba, genannt. Rab ist für seine Strände und Buchten berühmt, darunter auch FKK-Plätze. Familien lieben den lebhaften flachen Sandstrand von Lopar, doch auch abseits des Trubels findet jeder seine ideale Badebucht. Highlight ist die Altstadt der gleichnamigen Inselhauptstadt Rab mit ihren verwinkelten Gassen und Kirchtürmen – die im Hochsommer viele Besucher anlockt.

Sehenswert

Altstadt von Rab

| Stadtbild |

9 *Vier Kirchtürme sind das Wahrzeichen des schmucken Zentrums*

Auf einer schmalen Landzunge schiebt sich das malerische Städtchen Rab in die Adria hinein. Die vier Kirchtürme auf dem Altstadtrücken wirken dabei

Die Altstadt von Rab mit ihren schmalen Gassen wurde vorbildlich restauriert

wie ein Segelschiff und sind das Wahrzeichen der Inselhauptstadt. Verwinkelte schmale Gassen ziehen sich durchs Zentrum, umgeben von einem Mauerring, der Uferpromenade und dem Stadtstrand zu Füßen der Altstadt. In den unmittelbar anschließenden Vororten Banjol, Palit und Barbat gibt es viele Privatzimmer und Apartments. Dass die Römer hier einmal herrschten, lässt sich anhand des Stadtbildes noch heute erahnen: In der autofreien Altstadt verlaufen drei Gassen parallel zueinander, durchbrochen von mehreren Querstraßen und Treppenaufgängen. Die mit Steinquadern gepflasterte Srednja ulica (»Mittlere Straße«) gilt als wichtigste Verkehrsader. Sie wird gesäumt von öffentlichen Gebäuden, kleinen Geschäften und hübschen Palazzi, an deren Fassade es Renaissance- und Gotikelemente zu entdecken gibt. Die Donja ulica (»Untere Straße«) orientiert sich zum Hafen hin. Und entlang der Gornja ulica (»Obere Straße«) reihen sich hingegen die wichtigsten Kirchen und Klöster der Stadt aneinander. Die vierte bedeutende Straße der Altstadt bildet die Uferpromenade Riva, die sich an Segelbooten und Jachten vorbei direkt am Ufer entlangzieht – für Autofahrer jedoch eine Sackgasse ist.

Die Ruinen der einstigen Kirche des hl. Johannes stammen aus frühchristlicher Zeit

Trg Municipium Arba, Rab (Stadt)

| Platz |

Der mit Palmen begrünte Trg Municipium Arba öffnet sich zum Meer hin: Hier trifft man sich gerne auf einen Espresso und genießt den Blick auf das geschäftige Treiben am Hafen. Flankiert wird der Platz vom venezianischen Fürstenpalast (Knežev dvor), dessen Balkon von Löwenköpfen getragen wird und der heute Sitz der Stadtverwaltung ist. Durch den Uhrturm hindurch und an der venezianischen Stadtloggia vorbei führt die Srednja ulica zu einem weiteren, ebenfalls zentral gelegenen Platz: Auf dem Trg Svetog Kristofora finden Ritterspiele, Fischerfeste und andere bedeutende Veranstaltungen statt. Zur Gornja ulica gelangt man von diesem Platz über einen imposanten Treppenweg namens Bobotina hinauf.

Kormčar, Rab (Stadt)

| Park |

Der ausgedehnte Stadtpark Kormčar mit schönem Baumbestand erstreckt sich rund um die ehemalige Festung Galjarda aus dem 15. Jh.

Crkva Svetog Ivana Evanđelista, Rab (Stadt)

| Ruine |

Dass hier einmal die frühchristliche Basilika des hl. Johannes des Evangelisten stand, daran erinnern heute nur noch Ruinen. Der Glockenturm nebenan stammt aus dem 12. Jh. und ist schon weitaus besser erhalten.

■ Gornja ulica bb

Crkva Svete Justine, Rab (Stadt)

| Kirche |

Schön gelegen am Trg slobode befindet sich diese Kirche mit ihrem Glockenturm (17. Jh.), die unverkennbar schon bessere Zeiten gesehen hat. Von dem kleinen Platz führt eine Treppe zu einem kleinen Strand hinunter.

■ Gornja ulica bb

Samostan Svetog Andrije, Rab (Stadt)

| Kloster |

Das dem hl. Andreas geweihte Benediktinerkloster ist stolz auf den ältesten Kirchturm der Insel, der auf 1181 datiert. Die Glocke ist gut 200 Jahre jünger. Die dreischiffige Kirche Sveta Andrija ist eher schlicht gehalten und gehört zum Klosterkomplex.

■ Ivana Rabljana bb

Crvka Svete Marije Uznesenja, Rab (Stadt)

| Kirche |

Die romanische, aus rosa und weißen Steinquadern erbaute Kirche Sveta Marija Velika firmierte bis zum Jahr 1828 als Kathedrale, ehe die Diözese schließlich aufgelöst wurde. In drei Schiffe gegliedert, beherbergt das Gotteshaus einige Kostbarkeiten wie ein Taufbecken, ein Renaissanceportal aus dem 16. Jh. sowie ein kunstvoll geschnitztes Chorgestühl mit den Wappen wohlhabender Familien aus Rab, rechts und links vom Altar. Der Altaraufsatz ist mit altkroatischen Tierornamenten dekoriert. Zur Kirche gehört der frei stehende Campanile, der mit 26 m der höchste der Insel ist. Sechsstöckig und mit Fensterbögen gestaltet, wurde ihm eine achtseitige Pyramide aufgesetzt. Er gilt als eines der Wahrzeichen von Rab. Eine steile Holztreppe windet sich hinauf zum herrlichen Aussichtspunkt.

■ Sommer tgl. 9.30–13, 19.30–21 Uhr, Kathedrale 7 HRK, Turmbesteigung 15 HRK

Samostan Svete Eufemije, Rab (Stadt)

| Kloster |

Die schöne 2,5 km lange Promenade verbindet die Altstadt Rabs mit dem Franziskanerkloster (13. Jh.), das der hl. Euphemia geweiht ist. Sehenswert sind der Kreuzgang und die Deckenfresken in der barocken Kirche. Das kleine Museum hütet sakrale Schätze.

■ Kampor 19, Mo–Sa 10–12, 16–18 Uhr, 20 HRK, erm. 10 HRK

Kalifront

| Halbinsel |

Westlich des Ortes Kampor, wo sich im Zweiten Weltkrieg ein Konzentrationslager befand, erstreckt sich die Halbinsel Kalifront mit zahlreichen versteckten, schönen Badebuchten, Kiefern- und Eichenwäldern. Sie bildet das Naturschutzgebiet Dundo. Die ca. 270 ha

Die herrlichen Badebuchten der Halbinsel Kalifront laden zu Schnorcheltrips ein

Wald sind ein Paradies für Naturliebhaber. Autos sind hier nicht zugelassen.

Verkehrsmittel

Die ganzjährige Autofähre von Stinica auf dem Festland nach **Mišnjak** auf der Insel Rab benötigt weniger als 20 Min. (www.rapska-plovidba.hr). Wer nach **Lopar** (Rab) möchte, kann die Autofähre ab Valbiska (Krk) nehmen (ca. 2 Std.). Ohne Auto geht es mit dem **Katamaran** von Rijeka über Novalja (Pag) nach Rab (Stadt) in 1 Std. 45 Min.

Parken

Vor der Altstadt von Rab und der Uferpromenade befindet sich der zentrale öffentliche Parkplatz **Slavija** (Juli, Aug. 12 HRK/Std., übrige Zeit günstiger). In Lopar stehen Bezahlparkplätze in Strandnähe bereit.

Restaurants

€€ | Konoba Rab Beliebtes Lokal mit rustikalem Ambiente in der Raber Altstadt. Reservierung empfohlen. ■ Kneza Branimira 3, Tel. 051/725666

€€€ | Agatini Vrtovi Stilvolles Restaurant im gepflegten Arbiana Hotel. Die regionalen Gerichte werden modern interpretiert, es gibt Spezialitäten wie dalmatinischer roher Schinken, Steinpilze mit Kräutern, Garnelen-Risotto und Raber Torte. ■ Obala Kralja Petra Krešimira 12, Rab (Stadt), Tel. 051/775900, www.arbianahotel.com

Einkaufen

Kuća Rabske torte Eine Spezialität ist die schneckenförmige Raber Torte, mit Mandeln, Zitronen und einem Schuss

In knapp 20 Minuten geht es mit dem Fährschiff von Stinica auf die Insel Rab

Maraschinolikör. In der Schaubäckerei lässt es sich gut beim Backen zusehen und probieren. Hübsch verpackt gibt es den Kuchen auch als Mitbringsel. ■ Haus der Raber Torte, Dinka Dokule 8, Rab (Stadt), www.rabskatorta.com

Kneipen, Bars und Clubs

Banova vila Rustikale Strandbar mit angenehmer Atmosphäre und Traumblick aufs Meer. Leckere Burger werden hier ansprechend serviert. ■ Šetalište fra Odorika Badure (Stadtstrand Banova vila), Rab (Stadt), www.facebook.com/BanovaVillaBeachBar, nur im Sommer

Kinder

Rajska plaža Der schöne Sandstrand Rajska plaža (Paradiesstrand) im Nor-

Auf der Rabska fjera gibt sich ein mittelalterlicher Falkner die Ehre

den der Insel bei Lopar erstreckt sich über 1,5 km und fällt herrlich flach ab. Da können selbst die Kleinsten noch minutenlang ins Wasser laufen, ehe sie nasse Knie bekommen. Unweit der Campinganlage San Marino bieten drei Aquagun-Rutschen, Spielplätze, Hüpfburgen, Minigolf, Fahrrad- und Tretbootverleih Abwechslung.

Events

Die **Rabska fjera** (25.–27. Juli) rund um die historische Altstadt von Rab ist das bekannteste Mittelalter-Festival in ganz Kroatien und hat eine lange Tradition. Stimmungsvoll sind auch die **Sommerkonzerte** in der Hl.-Kreuz-Kirche (Sveti Križ) im Juli und August.

32 Insel Pag

Karge, wildromantische Insel mit Kroatiens berühmtestem Partystrand

Information

- TZG Novalja, Trg Brišćić 1, 53291 Novalja, Tel. 053/66 14 04, www.visitnovalja.hr
- TIC Pag, Vela ulica 18, 23250 Pag, Tel. 023/61 12 86, www.tzgpag.hr

Die schroffe Bora, die vom Festland her bläst, hat die Insel Pag in eine verkarstete Felslandschaft verwandelt. Zumindest die Festlandseite. Die andere Seite der 63 km langen Insel, die an ihrer engsten Stelle nur 1,5 km breit ist, gibt sich hingegen ein wenig grüner, mit harten Gräsern und Gebüsch. Berühmt ist Pag für seinen Partystrand Zrće, den hervorragenden goldgelben Pager Käse (»Paški sir«) und seine Spitzenkunst (»Paške čipke«), die hier eine lange Tradition hat. Der Süden von Pag mit der gleichnamigen Inselhauptstadt gehört zur Gespanschaft Zadar, also zu Dalmatien – die Insel wurde dennoch in diesen Band aufgenommen.

Sehenswert

Pag
| Stadt |
Der Hauptort Pag, etwa in der Inselmitte, war als »Pagus« schon in der römischen Epoche besiedelt und bezaubert mit engen Gassen. Am zentralen Platz Kralja Krešimira IV. steht die Pfarrkirche Marijino Uznesenje. Ihre gotische Fassade schmückt eine Fensterrose. Deren filigrane Ausgestaltung erinnert an die Pager Spitzen, die hier im Ort genäht werden und ein lokaltypisches Souvenir sind. Im Spitzenmu-

seum gegenüber werden die schönsten Exemplare gezeigt. Über die winzige Treppenbrücke in der Altstadt gelangt man zum kleinen Salzmuseum. Die Salzbecken kann man außerhalb davon, in Richtung Zadar, sehr gut sehen.

■ Spitzenmuseum: Juli, Aug. 20–22.30, Mai, Juni, Sept., Okt. 10–13 Uhr, 10 HRK

■ Salzmuseum: Juli, Aug. 10–13, 19–23 Uhr, Juni, Sept. verkürzt, 10 HRK

Novalja

| Badeort |

Im Nordwesten mit mehreren Stränden ist Novalja der bekannteste Urlaubsort Pags. Die Strandzone von Zrće, 2 km außerhalb (Shuttlebusse), gehört mit diversen Beachclubs zu den angesagtesten Sommerdestinationen bei Europas Jugend. Mit Sport- und Freizeiteinrichtungen, Discos und den wildesten Strandparties weit und breit gilt der Ort als »Ibiza der Adriaküste«. Das Heimatmuseum von Novalja hütet ein Viadukt im Untergeschoss, das einen Eindruck vermittelt, wie in der Antike Wasser befördert wurde.

Halbinsel Lun

| Olivenhaine |

Ganz im Norden der Insel ragt die Halbinsel Lun, auf der man entspannt spazieren gehen kann, mit unzähligen alten Olivenbäumen ins Meer.

P Parken

Die Stadt **Pag** gehört den Fußgängern, man kann kostenpflichtig an der Uferstraße oder direkt vor dem Salzmuseum parken. Am Strand **Zrće** gibt es einen großen Parkplatz.

Restaurants

€€ | Na Tale Gepflegtes Restaurant mit Terrasse und einheimischen Spezialitäten wie Lamm. Zwischen Altstadtrand und Uferstraße. ■ Ul. Stjepana Radića 4, Pag (Stadt), Tel. 023/611194

Sanft schaukeln die Boote im Hafenbecken von Pag, dem Hauptort der Insel

Übernachten

Hotelanlagen, von denen man nur wenige Schritte bis zum Meer benötigt? Die gibt es auf der Insel Krk, etwa in den Badeorten Njivice und Malinska an der Westküste oder am Strand von Baška im Süden. Die Hotels auf Cres lassen sich an einer Hand abzählen. Auf der Insel Lošinj bietet Mali Lošinj die meisten Betten, hier stehen auf der schattigen Čikat-Halbinsel Hotelanlagen zur Auswahl – die zwar charmant sind, in der Hauptsaison jedoch ihren Preis haben. Die Altstadt von Rab hat, ebenso wie Lošinj, eine lange Hoteltradition, hier finden sich mehrere komfortable Häuser in guter Lage. In Lopar trifft man Familien aus ganz Mitteleuropa, die hier ganz entspannt Badeurlaub machen. Wie anderswo an der Küste gilt auch auf den Inseln: In der ersten Augusthälfte erreichen die Preise ihren Höhepunkt!

Insel Krk 88

€€ | Blue Waves Resort Angenehme Hotelanlage mit zwei Pools und Meerblick am Strand, sehr aufmerksame Rezeption. ■ Rova 33, 51511 Malinska, Tel. 051/65 40 00, http://bluewaves.hr

€€ | Corinthia Baška Sunny Angenehmes Strandhotel am schönen Strand Vela Plaža, mit Swimmingpool, Wellness und Abendbüfett. ■ Emila Geistlicha 34, 51523 Baška, Tel. 052/46 50 00, www.valamar.com

€€ | Hotel Argentum Familiäres Hotel in Strandnähe mit herrlichem Blick auf Vrbnik. Freundliches Personal. ■ Supec 68, 51516 Vrbnik, Tel. 051/857 370, www.hotel-argentum.net

€€ | Kanajt Der alte Sommersitz der Bischöfe wurde zum Wohlfühl-Hotel mit Pool und Wellnessbereich umgestaltet. Im Jachthafen Punat, mit eigenem Strand. ■ Kanajt 5, 51521 Punat, Tel. 051/65 43 40, www.kanajt.hr

€€€ | Villa Eva Unterhalb der Altstadt erfreut das kleine Hotel am Meer mit eienm schönen Adriablick, zudem bietet es Sauna, Tennisplatz, Spielplatz und ein Terrassenrestaurant. ■ Zagradi 4, 51513 Omišalj, Tel. 051/84 10 41, www.villa-eva.com

€€€ | Vila Rova Gemütliches Bed & Breakfast mit baumbestandener Liegewiese und eigenem Strand. ■ Rova 28, 51111 Malinska, Tel. 051/86 61 00, www.hotel-vila-rova.com

Insel Cres 91

€€ | Kimen Modern renoviertes Hotel mit Nebengebäude und Villa in netter Badebucht unweit der Stadt. ■ Melin I/16, 51557 Cres (Stadt), Tel. 051/57 33 05, www.hotel-kimen.com

€€ | Zlatni lav Das familiengeführte klassische Hotel an der Westküste bietet Zimmer mit Balkon, einen Wellnessbereich und einen Pool. Auf der Veranda mit Meerblick wird eine gute Inselküche serviert. ■ Martinšćica 18 d, 51556 Martinšćica, Tel. 051/57 40 20, www.hotel-zlatni-lav.com

Insel Lošinj 95

€€ | Aurora Moderne Hotelanlage mit 393 Zimmern und Wellnessbereich. Das Haus mit schönem Meerblick liegt um-

Fenster zur Adria: Die Terrassen des Hotels Bellevue auf Lošinj öffnen sich zum Meer

geben von Kiefernwald an einer Bucht südlich von Mali Lošinj. ■ Sunčana uvala 4, 51550 Mali Lošinj, Tel. 051/66 72 00, www.losinj-hotels.com

€€ | Vila Conte Familiäres, modernes Hotel direkt an der Riva mit 15 Zimmern, das Auto wird außerhalb der Fußgängerzone abgestellt. Nicht barrierefrei. Angeschlossen ist das sehr gute Restaurant Olive tree. ■ Garina 14, 51551 Veli Lošinj, Tel. 051/26 86 97, www.hotel-vilaconte.com

€€€ | Apoksiomen Charmantes Boutique-Hotel vis-à-vis der Uferpromenade mit 25 Zimmern. Exquisites Restaurant mit guter Weinauswahl, schöne Hotelterrasse. ■ Riva Lošinjskih Kapetana 1, 51550 Mali Lošinj, Tel. 051/52 08 20, www.apoksiomen.com

€€€ | Bellevue An der Küste von Čikat mit Salzwasser-Innenpool, Wellnessbereich mit Sauna und Sportstudio, spezielle Angebote für Allergiker. ■ Čikat 9, 51550 Mali Lošinj, Tel. 051/67 90 00, www.bellevuelosinj.com

Insel Rab 99

€€–€€€ | San Marino Sunny Resort Weitläufige Hotelanlage am Paradiesstrand mit fünf Häusern unterschiedlicher Kategorie und Campingplatz, Restaurants, Bars und mehreren Läden. ■ Lopar bb, 51281 Lopar, Tel. 051/77 51 44, www.imperial-riviera.hr

€€€ | Arbiana Eleganter Art-nouveau-Bau, hübsch restauriert als ideale Verbindung von alter Architektur, Chic und modernem Komfort. ■ Obala kralja Petra Krešimira 12, 51280 Rab (Stadt), Tel. 051/72 55 63, www.arbianahotel.com

€€€ | Imperial Ruhige Lage am Rand des Stadtparks, morgens gibt es ein reichhaltiges Frühstücksbüfett. ■ Palit bb, 51280 Rab (Stadt), Tel. 051/66 77 88, www.imperialrab.com

Die Bergwelt und der Osten der Kvarner-Bucht

Wenn in den Sommermonaten der Asphalt in den Badeorten flirrt, kann ein Ausflug ins Grüne für Erfrischung sorgen

Kühn schwingt sich die Jadranska Magistrala, die Adriamagistrale, entlang der Küste nach Süden: mal fast auf Meeresniveau, dann wieder hoch über den glitzernden Wellen. Wer ihr ab Rijeka nach Südosten folgt, kann beliebte Badeorte wie Crikvenica, Selce oder Novi Vinodolski entdecken oder schöne Buchten, begleitet von kargen Felsen – ein wundervoller Kontrast. Wer hingegen aus dem Norden nach Rijeka anreist, staunt über das satte Waldgrün der Bergregion Gorski kotar, das sich mit kargem Karstgestein vermengt.
Gleich drei Nationalparks – die Plitwitzer Seen, der Risnjak und der Nördliche Velebit – locken im Hinterland der Küste mit spektakulären Wasserfällen, dichten Baumkronen und bleichen Kalkfelsen. Solch eine wildromantische Landschaft inspirierte auch die Filmemacher: Sie ließen Indianerhäuptling Winnetou vor schönster Kulisse durch diese Landstriche galoppieren.

In diesem Kapitel:

ADAC Top Tipps:

10 **Nationalpark Plitwitzer Seen**
| Landschaft |
Türkis, smaragdgrün, azurblau – Kroatiens berühmtester Nationalpark lockt mit atemberaubenden Wasserfällen und Seelandschaften. 118

ADAC Empfehlungen:

21 **Nationalpark Risnjak**
| Landschaft |
Ein Picknickplatz, die Quelle der Kupa und ein Hochsitz freuen kleine Wanderer auf dem Waldlehrpfad. 110

22 **Roswell-City**
| Filmkulisse |
Blick hinter die Kulissen: die Westernstadt der Winnetou-Neuverfilmung hautnah zum Anfassen. 111

10

35

25

34

33 Gorski kotar

Waldreiche Berglandschaft mit Höhlen, Stauseen und Filmkulisse

Information

- TZG Delnice, Lujzinska cesta 47, 51300 Delnice, Tel. 051/81 21 56, www.visitdelnice.hr
- TIC Fužine, Doktora Franje Račkog 1, 51322 Fužine, Tel. 051/62 09 50, www.tz-fuzine.hr

Die grüne, waldreiche Lunge Kroatiens erhebt sich im Hinterland von Rijeka und der Kvarner-Bucht: Unberührte Natur und selbst im Hochsommer angenehme Temperaturen, gemütliche Wandertouren und spannende Mountainbike-Trails – hier finden Aktivurlauber ihr Ziel. Ganz entschleunigt ist auch die Anreise von Norden: Bei Karlovac geht es von der Autobahn in Richtung Rijeka runter, dort führt die »Lujziana« (Lujzinska cesta), die alte Trasse durch Delnice, Fužine und andere Ortschaften an die Adriaküste – vor allem Motorradfahrer schätzen diese kurvenreiche Panoramastrecke.

ADAC Mittendrin

Am Wochenende wandern die Kroaten gerne im **Gorski kotar**: Unterkünfte zu moderaten Preisen und Restaurants mit hausgemachten Köstlichkeiten aus der Region, etwa Blaubeerstrudel oder Pilzgerichte, lohnen einen Ausflug ins Grüne. Das lässt sich auch gut mit der Anreise ans Meer verbinden.

Sehenswert

Nationalpark Risnjak

| Landschaft |

21 *Sattgrüner Bergwald mit felsigen Gipfeln und der Quelle der Kupa*

Ein besonders schöner Abschnitt des Gorski kotar hat schon seit 1959 Natio-

Der Lokvarsko-Stausee im Gorski kotar ist von viel urwüchsiger Natur umgeben

nalparkstatus: Risnjak, benannt nach dem Luchs (kroat. »ris«), der sich hier mit Braunbären und Wölfen sein Revier teilt. Laub- und Nadelwälder wechseln sich ab, in höheren Lagen durch schroffe Kalkfelsen unterbrochen. Erfahrene Wanderer erklimmen den höchsten Berg, den Veliki Risnjak (1528 m) mit Berghütte. Die herrliche Quelle des Flusses Kupa, der im weiteren Verlauf zu einem rasanten Bergfluss anschwillt, erreicht man in einer halbstündigen Wanderung vom Dorf Razloge (15 km nördl. von Crni Lug) aus.

■ Haupteingang/Verwaltung: Bijela Vodica 48, Crni Lug (ausgeschildert), www.np-risnjak.hr, 45 HRK, erm. 25 HRK, Kinder unter 7 Jahren frei (Ticket 2 Tage gültig), Verleih von Wanderstöcken (25 HRK), E-Bikes/MTB (200/90 HRK pro Tag), Berghütte Schlosserov dom (43 Betten, Mai–Nov., Reservierung: Tel. 091/882 46 86)

Fužine

| Bergstädtchen |

Ein netter Ausflugsort ist das auf 730 m gelegene Bergstädtchen Fužine (800 Einw.), wenn es an der 30 km entfernten Küste zu heiß wird. Eine 7 km lange Betonpromenade umrundet den Stausee Bajersko jezero, der sich prima zu Fuß, mit dem Ausflugsschiff oder mit dem Touristenzug entdecken lässt. Ein Rastplatz mit Picknickbänken direkt am See sowie ein Kiosk-Café auf der gegenüberliegenden Seeseite lohnen einen Stopp. Ganz in der Nähe wird am größeren Lepenica-Stausee gebadet.

Špilja Vrelo

| Tropfsteinhöhle |

Beim Anlegen des Bajer-Stausees 1950 entdeckten Arbeiter diese wunderbare Tropfsteinhöhle mit einem kleinen See. Gut 300 m sind für Besucher zugänglich. Der schmale, ebenerdige Weg ist betoniert, die Besichtigung daher sogar mit Rollstuhl möglich. Am Ende der Höhle erwartet der »Schatz im Silbersee« die Besucher: ein goldener Styropor-Manitu, der ebenfalls vom neuen Winnetou-Dreh stammt. Tipp: warme Jacke nicht vergessen, da in der Höhle ganzjährig nur 8 °C herrschen.

■ Sommer tgl. 10–18, Winter Sa, So 13–17 Uhr, 30 HRK, erm. 25 HRK

Roswell-City

| Filmkulisse |

22 *Was vom Winnetou-Dreh geblieben ist, lockt nun Filmfans an*

Roswell-City hat alles, was ein echtes Westernstädtchen so braucht: einen Saloon, eine Sheriff-Station und eine Kirche. Auf einer gerodeten Waldlichtung gruppieren sich rund ein Dutzend Gebäude, die von den Dreharbeiten der RTL-Neuverfilmung von »Winnetou« (2015/2016) stammen. Eine Pappattrappe der Hauptdarsteller, etwa mit Wotan Wilke Möhring (»Old Shatterhand«) gibt es auch zu sehen, zudem Pferde zum Reiten (gegen Gebühr). Ganze 350 m^3 Holz wurden für die Filmkulisse Roswell verbraucht!
Anreise: Von Fužine in Richtung Zagreb (L 5062) fahren, bei der Ausschilderung »Winnetou« abbiegen (dürftig ausgeschildert), dann noch 2 km auf einer staubigen Kies-Schotter-Piste. Eine Alternative ist die 6 km lange Wanderung ab der Tropfsteinhöhle Vrelo.

■ www.tz-fuzine.hr, im Sommer tgl., Nebensaison nur Sa, So 11–17 Uhr, 20 HRK, erm. 10 HRK, unter 6 Jahren frei

Verkehrsmittel

Hinter der INA-Tankstelle in Fužine startet die touristische **Bimmelbahn** um den Bajer-See, die auch bei der Tropfsteinhöhle Vrelo stoppt (jeden Sa, So 10, 11, 12, 15 und 16 Uhr, 25 HRK, erm. 15 HRK, Karten im Hotel Bitoraj, im TIC und beim Fahrer).

Restaurants

€ | **Pansion NP Risnjak** Die rustikale Gaststätte (5 Zimmer) am Haupteingang des NP Risnjak serviert hausgemachte Limonade, Wildgerichte und üppige Tagesmenüs zu fairen Preisen. Tipp: Blaubeerpfannkuchen! ■ Bijela Vodica 48, Crni Lug, www.np-risnjak.hr

23 € | **Planinarski dom Petehovac** Das Ausflugslokal oberhalb von Delnice punktet mit einer wunderschönen Waldlage, einem Aussichtspunkt, einem großen Parkplatz und herzlichem Personal. Tipp: Der hausgemachte Blaubeerstrudel ist sensationell, die Steinpilz-Gnocchi sind zum Niederknien, und der Wacholderlikör Brinjevaca ist regionaltypisch! Zweckmäßige, aber saubere Zimmer werden in der Berghütte ebenfalls vermietet.

Sport

Mehr als 400 km **Radwanderwege** führen durch den Gorski kotar, die Strecken gibt es online unter www.gorskikotarbike.com oder als mobile App (GooglePlay, AppStore). Fahrradverleih in Fužine, Holzbude am Parkplatz hinter der INA-Tankstelle (ohne Reservierung, mechanisches/Elektrofahrrad 40/70 HRK Std.).

Kinder

Leska-Pfad Der 4,2 km lange Waldlehrpfad Leska im Nationalpark Risnjak beginnt am Haupteingang in Bijela Vodica (724 m): Vorbei an Bächen, Waldlichtungen, einem Hochsitz, einer Futterstelle für Rehe und einem typischen Holzschindel-Bauernhaus mit Picknicktisch ist die Strecke auch für jüngere Kinder gut machbar. Am Parkeingang gibt es einen kleinen Klettergarten (20 HRK/30 Min., inkl. Ausrüstung).

34 Crikvenica

Badestädtchen mit quirligem Strand und einer alten Kurtradition

Information

■ TZG, Trg Stjepana Radića 1c, 51260 Crikvenica, Tel. 051/24 10 51, www.rivieracrikvenica.com

Crikvenica ist ein netter Badeort mit langem Lungomare und einem herrlich lebhaften Kiesel-Sand-Strand, der die Hauptattraktion ist. Früher war das Städtchen, das als Herz der »Riviera von Crikvenica« gilt, ein mildes Seebad, das der K.u.k.-Adel früh für sich entdeckt hatte. Schon 1888 entstand hier die erste Badeanstalt, nur drei Jahre später folgte das erste Hotel. Nostalgisch gibt sich Crikvenica heute jedoch nur noch an wenigen Plätzen – dafür kann man hier einen schönen Badeurlaub verbringen.

Lungomare

| Uferpromenade |

Spaziergänger, Biker und Inlineskater treffen sich auf dem 8 km langen Lungomare, der Dramalj im Norden und Selce im Süden von Crikvenica miteinander verbindet. Mehrere Gründerzeitvillen erinnern an die Anfänge des Tourismus als mondänes Seebad. Daran knüpft auch der prunkvolle Neorenaissancebau des Hotels Kvarner Palace aus dem Jahr 1895 an – damals wie heute die beste Adresse vor Ort. Hier wird die sogenannte Thalasso-Therapie gepflegt, auf die man in Crikvenica traditionell besonders stolz ist. An der Mündung des Flüsschens Dubračina ins Meer erhebt sich das einstmals namensgebende Kirchlein (»crikva« im Dialekt) sowie das frühere Paulinenkloster, in dem heute das Hotel Kaštel untergebracht ist.

Gradska plaža

| Stadtstrand |

Am beliebten Stadtstrand von Crikvenica treffen sich alle: Kinder, die durch das flache Wasser waten, Sportler, die Beachvolleyball spielen, und Menschen, die den Lift für den Einstieg ins Wasser nutzen. Der Kiesel- und Sandstrand bietet kristallklares Wasser und Freizeitaktivitäten wie Tretboote, Wasserrutschen und Spielplätze (Eintritt).

Verkehrsmittel

Touristenzüge verbinden Crikvenica mit Dramalj (einfache Fahrt 20 HRK, erm. 10 HRK). **Schnellboote** legen ab Crikvenica auf die Insel Krk ab (Klimno, Vrbik, Tel. 098/36 98 46) oder fahren in die Heilschlamm-Badebucht von Šilo, ebenfalls auf Krk (Marinero Tours, Tel. 098/44 21 21, ab Crikvenica, www.facebook.com/Marinerotours). Nähere Informationen erhält man vor Ort an den Ständen am Pier.

Parken

Kostenpflichtige öffentliche **Parkplätze** gibt es rund um die Dubračina, in der Nähe des Supermarktes Konzum und beim Stadion.

Das Städtchen Crikvenica ist der beliebteste Urlaubsort der Kvarner-Bucht

Restaurants

€€ | Gostiona Zrinjski Serviert wird eine traditionelle Küstenküche mit viel Fisch in großen Portionen. ■ Kralja Tomislava 43, Tel.098/59 95 83

Cafés

Monty's Dog Beach & Bar Wer mit dem Vierbeiner unterwegs ist, kehrt am Strand Podvorska auf ein Hundebier (!) in diesem Hundecafé ein. ■ Östlich des Zentrums, www.facebook.com/montysdogbeach

Events

Bei den Fischerfesten **Ribarske fešte** in Crikvenica, Selce, Dramalj und Jadranovo wird an Sommerabenden (Juni–

Badevergnügen auf Beton an der geschwungenen Promenade von Novi Vinodolski

Sept.) zu Folkloremusik und Tanz gegrillt. Höhepunkt ist die Fischerwoche in Crikvenica (letzte Augustwoche).

Wandern

Der romantische **»Liebespfad«** (Ljubavna cestica) führt von Crikvenica ins schattige Hinterland hinauf, mit einer Reihe von Parkbänken und Ausblicken. Festes Schuhwerk ist ein Muss. Eine Karte ist in der TZG erhältlich.

ADAC Mobil

Ein »bb« hinter dem Straßennamen bedeutet auf Kroatisch lediglich **»bez broja«**, wörtlich »ohne Hausnummer«. Die kroatische Bezeichnung für »Straße« heißt **»ulica«** und wird »ul.« abgekürzt oder entfällt komplett. Aus »Ulica Kralja Tomislava« wird dann »Kralja Tomislava«.

35 Novi Vinodolski

Badefreuden mit karstigem Hinterland und Kircheninsel im Blickfeld

Information

- TZG, Ul. kralja Tomislava 6, 51250 Novi Vinodolski, Tel. 051/79 11 71, www.tz-novi-vinodolski.hr

Die langen Kies- und Felsstrände in Novi Vinodolski sind beliebt: Schon seit dem ausgehenden 19. Jh. lockt der Ort Feriengäste an. Dabei präsentiert sich das Städtchen im »Weintal« (Vinodol) modern, von historischer Architektur ist wenig vorhanden. Wunderhübsch ist das 200 m entfernte Kircheninselchen San Marino vor dem Stadtstrand, das mitten im Meer thront. Mit dem Auto lässt sich das Hinterland mit seinen vielen Festungsruinen und Aussichtspunkten prima entdecken.

Kvadrac/Kaštalet

| Kastell mit Wehrturm |

Der quadratische Wehrturm Kvadrac und die Überreste des Frankopanen-Kastells beherbergen das Volksmuseum zur Regionalgeschichte. Interessantestes Exponat ist ein Gemälde, das die Unterzeichnung des Gesetzes von Vinodol 1288 festhält. Dabei handelt es sich um das älteste Rechtsdokument in slawischer Sprache. Es war bis 1850 in Kraft und sicherte dem einfachen Volk seine Rechte gegenüber ihren Feudalherren. Das Original wird in der Nationalbibliothek in Zagreb aufbewahrt. Rund um das Kaštalet ist ferner die Kirche Svetih Filipa i Jakova mit ihrem 36 m hohen weißen Glockenturm sehenswert.

■ Im Sommer Mo–Sa 9–12, 19–21, So 9–12, Winter Mo–Fr 9–12 Uhr, 12 HRK

Restaurants

€€–€€€ | Vinodol Das alteingesessene Lokal serviert eine klassische kroatische Küche und offeriert eine große Auswahl an Fischgerichten. Bei der Reservierung unbedingt einen Platz auf der idyllisch über dem Meer gelegenen Terrasse verlangen! ■ Obala Petra Krešimira IV 1b, Tel. 051/24 45 15, www.restaurant-vinodol.hr

Sport

24 **Oči Vinodola** Eine Panoramaroute führt Mountainbiker wahlweise auf asphaltierten Straßen oder Offroad-Wegen durchs reizvolle Hinterland, immer wieder unterbrochen durch Aussichtspunkte. Ausführliche Infos über diese und andere Mountainbike-Touren hält die Tourist-Info bereit. Die Route kann streckenweise auch mit dem Auto zurückgelegt werden.

In der Umgebung

Bribir, Grižane und Drivenik

| Bergstädtchen |

Im Hinterland gibt es ehemalige Frankopanen-Türme und Burgen in Bribir, Grižane und Drivenik. Das Kastell in Drivenik ist am besten erhalten, und von der Stadt hat man einen schönen Ausblick auf den Tribalj-See unterhalb.

36 Senj

Uskoken-Stadt mit einem mächtigen Festungsklotz auf einem Hügel

Information

■ TZG, Stara cesta 2, 53270 Senj, Tel. 053/88 10 68, www.visitsenj.com

Senj gilt mit 7200 Einwohnern als größte Stadt zwischen Rijeka und Zadar und erstreckt sich am Velebit-Kanal, der für seine Bora-Fallwinde bekannt ist. Die Stadt war im 16. Jh. Sitz der Uskoken, slawischer Flüchtlinge

ADAC Mobil

Vorsicht vor dem »kalten Föhn«: Mit der **»Bora«**, dem eiskalten, mit Geschwindigkeiten von bis zu 200 km/h von den Bergen herabfegenden Fallwind, ist nicht zu spaßen. Das wissen nicht nur erfahrene Sportsegler. Auch die Besucher kleinerer Inseln sollten jederzeit mit der »Bora« rechnen: Sie kann ohne Vorwarnung den Fährverkehr mehrere Tage lang lahmlegen und damit für unfreiwillige Urlaubserlebnisse sorgen. Auch Brücken und Küstenstraßen können dann gesperrt sein.

ADAC Wussten Sie schon?

Die Gassen von Senj und die Burg Nehaj sind Schauplatz des Jugendbuchklassikers **»Die Rote Zora und ihre Bande«** (1941) von Kurt Held. Vor der Originalkulisse wurde die Abenteuergeschichte in den 1970er-Jahren in Senj verfilmt. Eine Broschüre, die bei der TZG erhältlich ist, führt zu den Drehorten.

aus türkisch besetzten Gebieten, die von den Habsburgern in der Gegend angesiedelt wurden. Die Uskoken setzten jedoch nicht nur den Türken, sondern auch der Stadtrepublik Venedig zu, mit Billigung der Habsburger. Der venezianisch-österreichische Zank gipfelte in den zweijährigen Uskokenkriegen, ehe die Freischärler im Jahr 1617 aus Senj verbannt wurden. Geblieben ist der Uskoken-Mythos, der in Senj bis heute gepflegt wird.

Altstadt

| Stadtbild |

Von der mittelalterlichen Stadtbefestigung sind noch Teile der Wehrmauer sowie drei von ehemals 13 Türmen vorhanden. Verwinkelte Gassen führen an den östlichen Rand der Altstadt, wo sich der großzügige Trg Cilica, auch »Velika placa« (Großer Platz) genannt, öffnet. Er wird vom einstigen Stadtpalais der Frankopanen flankiert, später Sitz der Bürgermeister. In der Nähe markiert seit 1778 das mit der Krone der Habsburger geschmückte Große Tor (Velika vrata) das Südende der früheren Josefinenstraße (Jozefina), die von Wien durch den Gorski kotar ans Meer führt.

Kaštel Nehaj

| Festung |

Das quadratische Kastell Nehaj (»Fürchte nichts«) wirkt nahezu uneinnehmbar. Schön restauriert thront es auf einem 62 m hohen Hügel östlich der Stadt und ist stolz auf seine bis zu 3 m dicken

Die Festung Nehaj aus dem 16. Jh. war Hauptsitz des Wehrverbands der Uskoken

Mauern, vier Ecktürme und unzähligen Schießscharten. Im Inneren wird die Geschichte der Uskoken aufgezeigt. Von den Wehrgängen öffnet sich ein prima Blick bis hinüber zur Insel Krk.

■ April, Mai, Sept., Okt. tgl. 10–18, Juni tgl. 10–19, Juli, Aug. tgl. 9–21 Uhr, 20 HRK, erm. 10 HRK

Restaurants

€€ | Lavlji Dvor In einem urigen ehemaligen Bauernhaus mit Löwenarkaden im Innenhof werden traditionelle Speisen wie Senjer Schnitzel und Grillspieß auf dem Schwert serviert. ■ Ul. Petra Preradovića 2, Tel. 053/88 21 07, www.lavlji-dvor.hr

Events

Bei den **Uskoken-Tagen** im Juli geht es mittelalterlich zu. Der Sommerkarneval im August wird tagelang gefeiert und gipfelt in einen bunten Straßenumzug mit 3000 Maskierten (Sa).

37 Nationalpark Nördlicher Velebit

25 *Wanderparadies mit wenig besuchten Pfaden und Meerblick*

Information

■ Nationalparkverwaltung Sjeverni Velebit (Kuća Velebita), Krasno 96, 53274 Krasno, Tel. 053/66 53 80, www.np-sjeverni-velebit.hr, Park und Besucherzentrum 70 HRK, erm. 40 HRK, unter 6 Jahren frei (das Ticket ist 3 Tage gültig)

Dichte Nadelwälder, zerklüftete Kalksteingipfel und eingebrochene Dolinen prägen das Bergmassiv Velebit. Von den westlichen Berghängen und den kargen Gipfeln öffnet sich ein herrlicher Ausblick auf die Inseln in der Kvarner-Bucht. Der 109 km^2 große nördliche Teil des Gebirgszugs, Sjeverni Velebit (Nördlicher Velebit) genannt, ist der jüngste der acht kroatischen Nationalparks und schmückt sich seit dem Jahr 1999 mit diesem Titel. Seine Vielfalt an Pflanzen und Tieren, darunter Gämsen, Wölfe und ungewöhnliche Schmetterlingsarten, machen ihn einzigartig. Bergwanderer mit Ausdauer schätzen die unberührte, fast menschenleere Natur, durch die es sich tagelang gut wandern lässt.

Sehenswert

Velebitski botanički vrt
| Botanischer Garten |
Der Botanische Garten Velebit unterhalb der bewirteten Panoramaberghütte Zavižan (ab Krasno 30 Min. Autofahrt, Parkplatz unterhalb) versammelt die rund 300 Pflanzenarten der gesamten Region auf einem kompakten Terrain in 1480 m Höhe.

Wandern

Bergsteiger können den Nationalpark auf **30 Bergwanderwegen** erforschen, Mountainbiker finden eine Reihe von markierten Strecken. Aktivurlaubern stehen mehrere Hütten für ein einfaches Nachtquartier zur Verfügung (Infos über die Nationalparkverwaltung). Vom Botanischen Garten zweigt ein Wanderweg zum höchsten Gipfel des Nationalparks ab, den **Veliki Zavižan** (1678 m), den man in gut 1,5 Std. erreicht. Wanderschuhe und mehrschichtige Kleidung sind aufgrund rascher Wetterwechsel unbedingt erforderlich!

38 Nationalpark Plitwitzer Seen

10 *Kroatiens berühmtester Nationalpark mit imposanten Wasserfällen*

Information

■ Nationalparkverwaltung Plitwitzer Seen, 53231 Plitvička Jezera, Tel. 053/751015, www.np-plitvicka-jezera.hr

Der älteste und größte kroatische Nationalpark Plitvička jezera (30 000 ha), der seit dem Jahr 1979 auf der Liste des UNESCO-Weltnaturerbes steht, ist für seine spektakulären Wasserfälle weltberühmt: 16 türkisblaue, ineinander fließende Seen gehen kaskadenförmig ineinander über. Überall strömt das Wasser, staut sich an Sinterterrassen (siehe Kasten Im Blickpunkt unten) und schwappt unter den Plankenwegen, auf denen jährlich bis zu 1 Mio. Parkbesucher entlangpirschen.
Beim Veliki slap, dem größten Wasserfall, stürzt das Wasser gar über einen 78 m hohen Fels in die Tiefe und bildet mit anderen Bächen, die sich hier sammeln, die Korona-Schlucht. Übrigens waren die Plitwitzer Seen Drehort der berühmten Winnetou-Verfilmungen in den 1960er-Jahren, etwa für den Kinofilm »Der Schatz im Silbersee«.

■ Sommer tgl. 7–20, Frühling, Herbst tgl. 8–18, Winter tgl. 9–16 Uhr Juli, Aug. 250 HRK, erm. 110/160 HRK, übrige Zeit vergünstigt, Kinder unter 7 Jahren frei, Online-Kartenkauf empfohlen, vor Ort sind nur Restkarten erhältlich

Parken

Kostenpflichtige Parkplätze stehen an beiden Eingängen (Ulaz 1/Ulaz 2) zur Verfügung. Im Sommer werden 10 HRK/Std. bzw. 100 HRK/Tag fällig, im Winter 8 HKR/Std. bzw. 80 HRK/Tag. Motorräder parken kostenlos.

Restaurants

€€ | Old Shatterhand Echte Westernfans ordern Shatterburger, Steaks oder üppige Fleischplatten zum fairen Preis, die scharfe Rakija geht aufs Haus.
■ Selište Drežničko 14 a, Rakovica, Tel. 091/7285451, nur Barzahlung

Im Blickpunkt

Sich fortwährend verändernde Seenlandschaften

Der Prozess der Versinterung, durch den die Sinterbarrieren entstanden sind und sich die Seen gebildet haben, stellt einen außergewöhnlichen universellen Vorgang dar. Das Wasser der Bäche ist kalkhaltig, wie der Untergrund, über den es fließt. Kalk löst sich in Wasser auf und lagert sich in Form von Kristallen von Calciumcarbonat an Moosen im Flussbett ab. Die Poren zwischen den Kristallen verfestigen sich, und es entsteht Travertingestein, das leicht und fest zugleich ist. Das neu entstehende Gestein verändert den Untergrund und gibt der Strömung einen anderen Lauf. So verändert sich die Szenerie fortwährend. Was bleibt, ist eine wunderschöne, bewaldete Gebirgslandschaft, die mit ihrem blaugrünen Farbspiel ein einmalig schönes Naturschauspiel bietet.

Das türkisblaue Wasser der Plitwitzer Seen ergießt sich in unzähligen Kaskaden talwärts

Kinder

Mit jüngeren Kindern ist der Weg von Eingang 2 zu Eingang 1 gut machbar, mit dem **Elektroboot** (im Ticketpreis inbegriffen) geht es über den Kozjak-See. Der **Panoramazug** (ebenfalls inbegriffen) bringt den müden Nachwuchs wieder zum Ausgangspunkt zurück. Unterwegs gibt es mehrere Kioske, Bistros, Picknickplätze und Toiletten. Keinesfalls empfehlenswert ist die Mitnahme eines Kinderwagens auf den schmalen Holzstegen – lieber auf eine Babytrage ausweichen.

Wandern

Sehr beliebt ist die 3,5 km lange Route vom Eingang Ulaz 1 bis zum **Veliki slap**, durch die Schlucht der unteren vier Seen entlang (2–3 Std.). Im Bereich der Seen gibt es sieben **Rundwege** verschiedener Länge (3,5–18 km), hinzu kommen vier **Bergpfade** außerhalb des Seenbereichs, wo es ruhiger zugeht (Karte bei der Parkverwaltung). Auf 22 km Bretterpfaden und 36 km Wanderwegen lässt es sich vor allem in der Nebensaison gut wandern.

ADAC Mobil

Gut **1 Mio. Besucher** bestaunen den Nationalpark Plitwitzer Seen pro Jahr. An heißen Sommertagen ist immer viel los: Da wartet man vor dem Elektroboot oder dem Panoramazug schon mal in der Schlange. Um den Besucheransturm zu drosseln, wurden Online-Tickets eingeführt – deren Kauf empfehlenswert ist, denn an der Tageskasse gibt es nur noch (begrenzt) Restkarten! Wer dagegen vor Ort übernachtet, kann die Traumlandschaft ganz in der Frühe noch in aller Ruhe genießen. Ruhiger geht es in der Nebensaison zu, wenn die Flüsse reichlich Wasser tragen und sich die Blätter bunt färben.

Übernachten

Das grüne Hinterland der Kvarner-Bucht, Gorski kotar, lässt sich hervorragend mit dem Auto auf eigene Faust entdecken: Es gibt einige wenige Hotels, dafür viele Privatunterkünfte und Pensionen, aber auch zweckmäßige Berghütten. Die Badeorte an der Riviera von Crikvenica und Novi Vinodol bieten viele Privatzimmer und Pensionen, preislich liegen sie unter der Riviera von Opatija in der westlichen Kvarner-Bucht. Am Eingang zum Nationalpark Plitwitzer Seen betreibt die Parkverwaltung vier Hotels, jedoch gibt es in der Umgebung auch viele komfortable Privatzimmer und Pensionen, umgeben von üppiger Natur.

Gorski kotar 110

€€ | **Hotel Bitoraj** Den ausgestopften Braunbären im Foyer hat sich die Filmcrew für die Winnetou-Neuverfilmung ausgeliehen. Ansonsten wacht er über das gemütliche Hotel im Ortskern, dessen Restaurant für seinen köstlichen Blaubeerstrudel bekannt ist. ■ Ul. Sveti križ 1, 51322 Fužine, Tel. 051/83 00 05, www.bitoraj.hr

Crikvenica 112

€€ | **Hotel Crikvenica** Modernes, freundliches Hotel direkt an der Promenade. Tipp: Meerblick hat man im 5. Stock. Parkplätze gibt es nur wenige, jedoch einen kostenpflichtigen Parkservice. ■ Strossmayerovo Šetalište 8, 51260 Crikvenica, Tel. 051/50 58 00, www.hotel-crikvenica.com

€€ | **Marina** Stilvolles Hotel mit 50 Zimmern und Suiten, hoteleigenem Badeplatz mit Liegen sowie herrlichem Blick auf die Adria und die gegenüberliegende Insel Krk. Vorzügliches Restaurant. 3 km von Crikvenica entfernt, im Badeort Selce. ■ Emila Antića 78, 51266 Selce, Tel. 051/76 81 40, www.hotel-marina.net

€€€ | **Kvarner Palace** Nostalgisches Flair der K.u.k.-Epoche im vorbildlich restaurierten Neorenaissancebau unter österreichischer Leitung. Mit Wellnessbereich und Whirlpool mit Meerblick, angeschlossen ist ein ausgezeichnetes Restaurant. ■ Braće dr. Sobol 1, 51260 Crikvenica, Tel. 051/38 00 00, www.kvarnerpalace.info

Novi Vinodolski 114

€ | **Pension Maestral** Gute Lage zwischen Strand und Zentrum, sehr freundliches Besitzerehepaar, 15 modern-ansprechende Zimmer mit Balkon bzw. Terrasse. Vergünstigte Parkplätze an der Straße. ■ Korzo hrvatskih branitelja 45, 51250 Novi Vinodolski, Tel. 051/24 59 11, www.maestral.de

Nationalpark Plitwitzer Seen 118

€€ | **Hotel Degenija** Komfortable, geschmackvolle Unterkünfte, Außenpool, gutes Restaurant. 5 km von den Plitwitzer Seen (Eingang 1) entfernt. ■ Selište Drežničko 57 a, 47245 Selište Drežničko, Tel. 047/78 21 43, www.hotel-degenija.com

ADAC Service Istrien und Kvarner-Bucht

Beim **ADAC Infoservice**, in den **ADAC Geschäftsstellen** sowie auf dem **Internetportal des ADAC** (adac.de) erhalten Sie Informationen zu den Dienstleistungen des Automobilclubs und zu Ihrem Reiseziel. So können Sie sich von der **ADAC Trips App** (adac.de/services/apps/trips) via Smartphone oder Tablet-PC inspirieren lassen oder als **ADAC Mitglied** das kostenlose **ADAC Tourset® Istrien/Kvarner-Bucht** (adac.de/reise-freizeit/reiseplanung/tourset) mit vielen Reiseinfos und Karten anfordern. Bei Pannen und Notfällen steht Ihnen unser Team rund um die Uhr telefonisch und digital zur Verfügung.

ADAC Info-Service

T 0 800 510 11 12
Infos zu allen ADAC Leistungen
(Mo–Sa 8–20 Uhr, gebührenfrei)

ADAC Pannenhilfe Deutschland

T 089 20 20 40 00, Mobil 22 22 22
(Verbindungskosten je nach Netzbetreiber/Provider)

ADAC Ambulanzdienst

T 089 76 76 76
(Erkrankung, Unfall, Verletzung, Transportfragen, Todesfall)

ADAC Pannenhilfe Ausland

T +49 89 22 22 22
(Verbindungskosten je nach Netzbetreiber/Provider)

Online-Angebote des ADAC für Ihre Reiseplanung

Service	Webadresse
Reiseinspirationen, -planung und -hinweise	adac.de/reise-freizeit/reiseplanung
Aktuelle Verkehrslage	adac.de/verkehr
Individuelle Routenplanung	adac.de/maps
Infos zu Tankstellen und Spritpreisen	adac.de/tanken
Infos zu mautpflichtigen Strecken	adac.de/reise-freizeit/maut-vignette
Infos zu Fährverbindungen	adac.de/faehren
Aktuelle Infos vor Reiseantritt	adac.de/tourmail
Informationen für Camper	adac.de/camping
Informationen für Motorrad- und Oldtimerfahrer	adac.de/reise-freizeit/reisen-motorrad-oldtimer
Informationen für Segler und Skipper	skipper.adac.de
ADAC Reiseangebote	adacreisen.de
ADAC Autovermietung	adac.de/autovermietung
ADAC Versicherungen für den Urlaub	adac.de/versicherungen
Weltweite Preisvorteile für ADAC Mitglieder	adac.de/vorteile-international
Telemedizinische Beratung	adac.de/meinmedical

Diese **Produkte des ADAC** könnten Sie interessieren: **ADAC Reiseführer Dalmatien, ADAC Reiseführer Slowenien** und **ADAC Campingführer Südeuropa** – erhältlich im Buchhandel, bei den ADAC Geschäftsstellen und in unserem ADAC Online-Shop (adac.de/shop).

Anreise und Einreise

Auto

Die schnellste Route nach Kroatien verläuft über Österreich und Slowenien: von München nach Salzburg, weiter über den Tauern-/Katschbergtunnel nach Villach, dann durch den Karawankentunnel nach Ljubljana. Zur Westküste Istriens empfiehlt sich die Weiterfahrt über Koper und den Grenzübergang Dragonja/Kaštel nach Kroatien auf die A9 nahe Umag, die gemeinsam mit der A8 das sogenannte Istrische (Schnellstraßen-)Ypsilon bildet. Zur Ostküste Istriens und der Kvarner-Bucht geht es von Ljubljana über Postojna, wo ein längerer Abschnitt über charmante Dörfer bis zum kroatischen Grenzübergang Rupa folgt, von dort weiter auf die A7 in Richtung Opatija bzw. Rijeka oder Krk.

In den Transitländern fallen **Mautgebühren** an: in Österreich mindestens 9,60 € für die Zehn-Tages-Autobahnvignette sowie die Tunnel-Sondergebühren von 20,10 € je Strecke, in Slowenien 15 € für die Autobahn-Wochenvignette (Preise für Pkw). Achtung: In Slowenien unbedingt den Kaufbeleg der Vignetten aufbewahren und die Scheinwerfer auch tagsüber anlassen! In Kroatien wird auf Autobahnen und dem istrischen Schnellstraßen-Ypsilon eine nach Entfernung gestaffelte Gebühr erhoben (dazu mehr auf S. 126 unter »Maut«).

Die zweite Hauptroute nach Kroatien führt durch Österreich und Italien: von München geht es über Villach, Udine und Triest (Maut in Italien 11 €) nach Rijeka (Fiume auf Italienisch). Für Reisende aus der Schweiz empfiehlt sich der St.-Gotthard-Tunnel und die Weiterfahrt über Mailand und Triest.

Entfernungen

München–Rovinj	590 km
München–Rijeka	515 km
Köln–Rovinj	1180 km
Berlin–Rovinj	1042 km
Hamburg–Rovinj	1380 km
Wien–Rovinj	570 km
Zürich–Rovinj	794 km
Umag–Pula	85 km
Umag–Rijeka	97 km
Pula–Rijeka	109 km
Rovinj–Rijeka	93 km

Kroatien ist EU-Mitglied, aber voraussichtlich erst ab dem Jahr 2023 ein Mitgliedstaat des Schengener Abkommens, weshalb an den Grenzen nach wie vor **Personen- und Fahrzeugkontrollen** durchgeführt werden. Diese wurden zuletzt im Rahmen der EU-Asylpolitik verschärft, da die Region zur Transitroute für Geflüchtete gehört, aber auch aufgrund der geltenden COVID-19-Maßnahmen. Dadurch kommt es vor allem in der Hauptreisezeit zu langen Wartezeiten an den Grenzübergängen – das gilt umso mehr für den Samstag, der in Kroatien als klassischer »Bettenwechseltag« gilt. Aktuelle Informationen zu möglichen Wartezeiten und Einreisebestimmungen halten der ADAC und der Kroatische Automobilklub (www.hak.hr) bereit.

Flugzeug

Über internationale Flughäfen verfügen **Pula** (internat. Abkürzung PUY) und **Rijeka** (RJK), dort befindet sich der Flughafen auf der Insel Krk (bei Omišalj). Die nationalen Fluggesellschaften Lufthansa, Swiss, Austrian Airlines und

Croatia Airlines steuern die beiden Airports von verschiedenen Städten an. Hinzu kommen Low-Cost-Anbieter wie beispielsweise Eurowings.

Pauschalreisen (Charterflug inkl. Hotel und Mietwagen) können online oder im Reisebüro gebucht werden und sind oft billiger als die separate Buchung von Flug und Unterkunft.

Vom **Flughafen Pula** fährt ein Shuttlebus u. a. ins Stadtzentrum, nach Medulin, Fažana, Rovinj, Poreč, Novigrad, Rabac und Umag. Tickets können online auf der Webseite http://prodaja.fils.hr gebucht werden.

Der **Flughafen Rijeka** liegt etwa 25 km vom Zentrum der Stadt entfernt auf der Insel Krk, die mit einer Brücke mit dem Festland verbunden ist. Vom Airport verkehrt ein Shuttlebus nach Rijeka, Opatija, Kraljevica, Omišalj und Crikvenica. Busfahrkarten können online über www.arriva.com.hr gebucht werden (auch auf Deutsch).

An beiden Flughäfen stehen Leihwagen mehrerer nationaler und internationaler Firmen zur Verfügung.

Bahn

Die Kvarner-Bucht lässt sich in der Ferienzeit bequem und ohne Umsteigen mit dem Nachtzug München–Rijeka erreichen, der Sie in etwa 9 Std. 45 Min. nach Opatija-Matulji und Rijeka (und zurück) bringt. In der übrigen Jahreszeit muss man im österreichischen Villach und/oder Ljubljana (SLO) umsteigen, genießt jedoch das schöne Alpenpanorama bei Tageslicht. Wer rechtzeitig bucht, kann mit den Europa-Sparpreisen Geld sparen. Eine Alternative für Reisende aus dem Osten Österreichs ist der private Nachtzug RegioJet, der Bratislava mit Rijeka verbindet (www.regiojet.de).

Der **Bahnhof Rijeka** befindet sich in Hafennähe, die meisten Autovermieter gruppieren sich rund um die Molo Longo (ca. 10 Min. Fußweg), wo auch die Fähren auf die Inseln ablegen. Der Busbahnhof ist etwa 500 m vom Bahnhof entfernt. Istrien ist vom übrigen Bahnnetz abgetrennt: Von Rijeka nach Pula müssen Sie mit dem Bus nach Lupoglav und dort in den Zug nach Pula (mehrmals tgl.) – was jedoch umständlich ist. Einfacher ist der Umstieg in Ljubljana (SLO), dort geht es via Divača (SLO) und Buzet (HR) nach Pula.

Fahrplanauskunft unter www.hzpp.hr (Hrvatske željeznice putnički prijevoz), www.bahn.de (Deutsche Bundesbahn), www.oebb.at (Österreichische Bundesbahnen, Buchung der Nachtzüge).

Bus

Das kroatische **Fernbusnetz** ist gut ausgebaut und verfügt über viele internationale Verbindungen. Direktbusse nach Istrien und in die Kvarner-Bucht gibt es von mehreren Städten in Deutschland und Österreich mit Flixbus (www.flixbus.de) oder Eurolines (www.eurolines.de) sowie aus der Schweiz mit Zelić Reisen (www.zelicreisen.ch).

Die Fahrtzeit nach Rijeka beträgt je nach Verkehrslage aus Frankfurt am Main ungefähr 15 Stunden, aus Stuttgart etwa elf Stunden, aus München etwa acht Stunden (hier empfiehlt sich die Flixbus-Nachtfahrt ab 23.30 Uhr). Tickets für die einfache Fahrt ab München gibt es schon ab 30 €. In der Regel wird pro im Kofferraum verstautem Gepäckstück – bis zu zwei sind regulär erlaubt – eine Zusatzgebühr von 3 € erhoben (Bargeld bereithalten).

Direktbusse nach Istrien, u.a. nach Poreč, Rovinj und Pula, bietet Flixbus von in der Saison ab München an (Fahrtzeit über Nacht zwischen 9 und 11 Std.). Vom Busbahnhof in Rijeka verkehren ganzjährig im Stundenrhythmus Busse nach Pula (Fahrtzeit ca. 2,5 Std., Ticket ca. 90 HRK/12 €) und zu weiteren Städten in Istrien. Tickets und Busfahrpläne für innerkroatische Verbindungen findet man auf www.arriva.hr.com.

Einreise und Dokumente

Für einen Aufenthalt von bis zu drei Monaten genügt für EU-Bürger und Schweizer die Vorlage eines gültigen **Personalausweises** oder **Reisepasses** (jeweils auch ein vorläufig ausgestellter). Kinder unter 12 Jahren benötigen den Kinderreisepass. Nehmen Sie für den Fall von Diebstahl oder Verlust sicherheitshalber eine Kopie Ihrer Dokumente in Papier- oder elektronischer Form mit. Kroatien ist Mitglied der Europäischen Union, jedoch noch nicht des Schengen-Raums (voraussichtlich 2023), weshalb an den Grenzen grundsätzlich kontrolliert wird. Das hat sich infolge der Covid-Pandemie noch einmal – teils erheblich – verschärft: Bei Redaktionsschluss musste vor der Einreise nach Kroatien zwingend ein Online-Einreiseformular ausgefüllt werden (entercroatia.mup.hr).

Allein reisenden **Minderjährigen** wird empfohlen, eine formlose Einverständniserklärung der Sorgeberechtigten mitzunehmen (einen mehrsprachigen Vordruck gibt es z. B. bei www.kroati.de, Suchbegriff: »Reisevollmacht«). Informieren Sie sich sicherheitshalber nach etwaigen abweichenden Regelungen des gebuchten Flug- oder Busunternehmens. Unionsbürger, die länger als 90 Tage in Kroatien bleiben wollen, müssen ihren vorübergehenden Aufenthaltsort bei der nächsten Polizeidienststelle anmelden.

Auto- und Straßenverkehr

Verkehrsvorschriften

Der deutsche **Führerschein** ist in Kroatien in allen Mustern gültig, d. h. neben dem neuen im Scheckkartenformat auch der alte graue oder rosafarbene. Bei der Einreise mit dem eigenen Auto den **Fahrzeugschein** nicht vergessen, wer kein Euro-Kennzeichen hat benötigt das Nationalitätenschild. Die Mitnahme der grünen Versicherungskarte ist nicht mehr Pflicht, kann bei Unfällen aber die Abwicklung erleichtern.

Für Autofahrer ab 25 Jahren gilt die **0,5-Promillegrenze**, für Jüngere ein absolutes Alkoholverbot. Während der Winterzeit (letzter Sonntag im Oktober bis letzter Sonntag im März) müssen **Scheinwerfer** auch tagsüber eingeschaltet werden (bei Motorrädern ganzjährig). Neben dem üblichen Zubehör muss in Kroatien für Brems-, Blinker- und weitere Leuchten, die man selbst austauschen kann, jeweils ein **Ersatz-Glühlampenset** mitgeführt werden (ausgenommen sind Autos mit Xenon-, LED- oder Neon-Scheinwerfern).

Tagesaktuelle Infos zur **Verkehrslage** in deutscher Sprache gibt es beim Kroatischen Automobilklub (HAK) unter www.hak.hr (oben rechts deutsche Flagge anklicken). Vor allem während der Sommersaison empfiehlt sich wegen des hohen Verkehrsaufkommens

Tempolimits in Kroatien

(Ausnahmen siehe Verkehrsvorschriften)

Straße	Tempolimit
Autobahn	max. 130 km/h
Schnellstraße	max. 110 km/h
Landstraße	max. 90 km/h
Ortschaft	max. 50 km/h

eine defensive Fahrweise. Beim Überholen muss der Blinker während des gesamten Überholvorgangs eingeschaltet werden. In Kroatien gibt es viele Radarkontrollen!
Achtung: In Istrien ist auf den Hauptverkehrsverbindungen A 8 und A 9, die ypsilonförmig zum sogenannten **Istrischen Ypsilon** zusammenlaufen, nur die Schnellstraßen-Höchstgeschwindigkeit von 110 km/h erlaubt! Der Ausbau der vormaligen Schnellstraßen (»brza cesta«) B 8 und B 9 zur Autobahn ist trotz vollzogener Namensänderung noch in Gange. Für Fahrer unter 25 Jahren reduziert sich die Höchstgeschwindigkeit außerhalb von Ortschaften generell um jeweils 10 km/h auf maximal 120/100/80 km/h.

Maut

Auf allen Autobahnen (»autocesta«) sowie auf dem istrischen Schnellstraßen-Ypsilon fällt eine gemäßigte, nach Entfernung gestaffelte **Mautgebühr** an (»cestarina«, beispielsweise 10 € für die 90-km-Strecke vom Tunnel Učka nach Pula). Das bei der Auffahrt gezogene Ticket sollte man griffbereit aufbewahren. Zahlen kann man bei der Ausfahrt in Kuna oder Euro sowie mit der Kredit- oder EC-Karte. Gebührenpflichtig sind auch die Autobahnen sowie die Brücke auf die Insel Krk (4,70 €, nur bei der Auffahrt).

Tanken

Die Kraftstoffpreise sind, wie überall, empfindlich gestiegen. Wer entlang der Autobahn seinen Tank auffüllt, zahlt nicht mehr als in der Stadt. Getankt werden kann **Bleifrei Super** (95 Oktan, »Eurosuper« genannt) und **Diesel** (»Eurodiesel«, der einfache Diesel ist für Lkw) für mindestens 11 HRK pro Liter (Stand: Anfang 2022). Der Zusatz »BS« bedeutet »bez sumfora«, also bleifrei. Viele Tankstellen führen auch Eurosuper BS 100 (100 Oktan). Aktuelle Kraftstoffpreise auf: www.hak.hr/info/cijene-goriva (Kroatisch). Gefüllte Ersatzkanister dürfen nicht im Auto mitgenommen werden. **Tankstellen** haben in der Regel von 7–20 Uhr, im Sommer auch bis 22 Uhr und an Autobahnen und wichtigen Straßen rund um die Uhr geöffnet. Die Zahlung mit Kredit- oder EC-Karte ist sehr weit verbreitet. Die Kvarner-Inseln Krk, Cres, Lošinj, Rab und Rab verfügen ebenfalls über Tankstellen.

Parken

Kostenpflichtige Parkplätze sind durch gestrichelte Linien gekennzeichnet, oft zeitlich begrenzt und in verschiedenfarbige Zonen unterteilt. Gezahlt werden kann in der Regel bar am Kassenautomaten (Tipp: Münzgeld sammeln und im Auto aufbewahren). Die Zahlung von Parkgebühren via SMS funktioniert bislang nur mit einer kroatischen SIM-Karte. Einige Städte haben jedoch das Zahlungssystem »paydo« eingeführt (mobile App), darunter Pula, Rovinj und Poreč. Für eine längere Parkzeit bieten sich daher größere Parkplätze mit Rampe und Kassenhäuschen oder Automat an. Falschparker werden landesweit rigoros abgeschleppt oder mit einer Parkkralle festgesetzt!

Unfall und Panne

Bewahren Sie im Falle eines Unfalls die Ruhe, verlassen Sie Ihr Auto auf offener Straße nur mit einer reflektierenden Warnweste (griffbereit aufbewahren) und sichern Sie die Unfallstelle mit einem Warndreieck ab. Jeder Unfall mit Personenschaden muss der **Polizei** gemeldet werden (unter Tel. 192 oder der Notrufnummer 112), wir empfehlen dies auch für Unfälle mit Blechschaden. Lassen Sie sich vor der Weiterfahrt von der Polizei eine Bestätigung des Schadens (»potvrda«) ausstellen. Der ADAC rät zudem, den sogenannten Europäischen Unfallbericht auszufüllen; mehrsprachige Vordrucke sind beim ADAC erhältlich.

Die **Pannenhilfe** des kroatischen **Automobilklubs HAK** (Rufnummer 1987, ausländische Handys: Tel. +385 1 1987) ist rund um die Uhr erreichbar, ebenso die **ADAC Pannenhilfe Ausland** (Tel. +49 89 22 22 22).

Barrierefreies Reisen

Nicht alle Urlaubsorte sind barrierefrei: Vielerorts gibt es steile Ufer oder Treppengassen. Manchmal findet man einen **barrierefreien Zugang** zum Meer, Rampen gibt es z. B. in Rijeka, Ičići, Crikvenica, Baška (Insel Krk) und Kovačine (Insel Cres). Die flache Promenade entlang der Riviera von Opatija oder in Crikvenica kann auch mit dem Rollstuhl gut zurückgelegt werden. Einige größere Tauchbasen bieten barrierefreie Tauchgänge an. Der **Reiterhof Vodičajna** in Lukeži bei Rijeka ist auf therapeutisches Reiten spezialisiert (www.konjickivodicajna.hr). Der Kroatische Behindertenverband hat seinen Sitz in Zagreb (www.hsuti.hr, Tel. 01/481 20 04). Informationen erteilen auch die Tourismusverbände Istrien bzw. Kvarner sowie die lokalen Touristeninformationen der jeweiligen Urlaubsorte.

Diplomatische Vertretungen

Die Auslandsvertretungen Ihres Heimatlandes helfen Ihnen, wenn Sie Reisedokumente verloren haben, oder vermitteln, falls es zu Problemen mit örtlichen Behörden kommt.

In Pula und anderen größeren Städten kann man mit einer mobilen App parken

Deutsche Botschaft Zagreb

■ Ulica grada Vukovara 64, 10000 Zagreb, Tel. +385 (0) 1/630 01 00 und in Notfällen mobil +385 (0) 98 22 71 36 (auch per SMS), www.zagreb.diplo.de

Österreichische Botschaft

■ Radnička cesta 80 (Zagreb-Tower), 9. Stock, 10000 Zagreb, Tel. +385 (0) 1/488 10 50, www.aussenministerium.at/zagreb

Schweizerische Botschaft

■ Ulica Augusta Cesarca 10 (Ban-centar), 2. Stock, 10000 Zagreb, Tel. + 385 (0) 1/ 487 88 00, www.eda.admin.ch/zagreb

Festivals und Events

Februar/März

Karneval (Rijeka) – Eine der wichtigsten Karnevalshochburgen in Südeuropa steht Kopf dank Maskenbällen und Umzügen. Der prächtigste findet am Sonntag vor Aschermittwoch statt (www.rijecki-karneval.hr).

Juni

Giostra (voraussichtlich Ende Juni, Poreč) – Historisches Kostümspektakel, das ein Reitturnier aus dem 18. Jh. wiederauferstehen lässt (www.myporec.com).

Juli

Sommerkarneval (Novi Vinodolski) – Anfang Juli ziehen am Freitagabend Kinder und am Samstagabend erwachsene Clowns und Cowboys durch die Küstenstadt.

Historische Kostüme auf der Giostra

Filmfestival (Pula) – Mehr als 500 000 Filmfans kommen jedes Jahr in den Genuss heimischer und internationaler Produktionen, die u. a. im Amphitheater gezeigt werden (www.pulafilmfestival.hr).

Filmfestival (Motovun) – Die kleine Schau in dem Burgstädtchen, die alljährlich fünf Tage lang Independent-Filme unter freiem Himmel zeigt, ist ein fester Termin im Kalender (www.motovunfilmfestival.com).

Rabska fjera (25.–27. Juli, Rab) – Mittelalterfest mit historischem Schauspiel, Markt, Musik und Armbrustschießen (www.rab-visit.com).

Juli–August

Jazz-Festival (Grožnjan) – Idyllisches Musikfest in einem mittelalterlichen Künstler-Bergdorf im Hinterland, bei dem u. a. Absolventen der Jazz-Sommerschule ihr Können zeigen (www.jazzisbackbp.com).

August

Sommerkarneval (Senj) – Bis zu 3000 Narren ziehen durch die Straßen; mit Tanz und Darbietungen.

Wallfahrt nach Trsat (15. Aug.) – Zehntausende pilgern an Mariä Himmelfahrt zur Kirche mit dem wundertätigen Marienbild in Kroatiens ältestem Marienwallfahrtsort.

Grisia (Rovinj) – Auf diesem Open-Air-Kunstfestivial kann jeder seine Werke ausstellen.

Oktober

Marunada (Lovran) – Edelkastanienfest mit gerösteten Maroni, Kuchen und vielen Leckereien, die an kleinen Ständen angeboten werden.

November

Rund um Martini (11. Nov.) wird der Wein gesegnet, vielerorts gibt es Weinfeste mit Musik (z. B. in Novi Vinodolski).

Feiertage

Gesetzliche, arbeitsfreie Feiertage sind der 1. Januar (Neujahr), 6. Januar (Hl. Drei Könige), Ostersonntag und -montag, 1. Mai (Tag der Arbeit), Fronleichnam (Mai/Juni), 30. Mai (Nationalfeiertag), 22. Juni (»Tag des antifaschistischen Widerstandskampfes«), 5. August (»Tag des Sieges und der heimatlichen Dankbarkeit in Erinnerung an die Rückeroberung der Krajina«), 15. August (Mariä Himmelfahrt), 1. November (Allerheiligen), 18. November (»Gedenktag für die Opfer des Heimatkrieges und von Vukovar und Škrabrnja«) sowie der 25. und 26. Dezember (Weihnachten).

Geld und Währung

Die Landeswährung ist die **Kroatische Kuna** (»Marder« nach den Tierfellen, mit denen im Mittelalter gehandelt wurde). 1 Kuna (HRK oder kn) ist in 100 Lipa (»Linden«) unterteilt. Scheine sind im Wert von 10, 20, 50, 100, 200, 500 und 1000 Kuna in Umlauf, Münzen im Wert von 1, 2, 5, 10, 20 und 50 Lipa sowie von 1, 2 und 5 Kuna.

Viele Restaurants und Geschäfte weisen ihre Preise auch in **Euro** aus, zahlen kann man – per Gesetz – allerdings nur in der Landeswährung, auch wenn Unterkunftsvermieter nicht selten bereit sind, Euro anzunehmen. Die Mautgebühren an den Autobahnen und Schnellstraßen dürfen von Ausländern in Euro gezahlt werden, das Restgeld wird allerdings in Kuna zurückgegeben. Durch die Anbindung an den Euro ist der Wechselkurs seit Jahren recht stabil. zum 1. Januar 2023 soll der Euro eingeführt werden. Preise ab Ab dem 5. September 2022 sollen Preise in beiden Währungen angegeben werden.

Wechselkurse
(Stand: 01/2022)

1 €/1 CHF	7,51 HRK/7,20 HRK
10 €/10 CHF	75,14 HRK/72,02 HRK
100 €/100 CHF	751,42 HRK/ 720,19 HRK
1 HRK	0,13 €/0,14 CHF
10 HRK	1,33 €/1,39 CHF
100 HRK	13,28 €/13,85 CHF

Kuna bekommen Sie am einfachsten und zum amtlichen Mittelkurs durch Abheben von Bargeld am **Bankautomaten** mit Ihrer EC- oder Kreditkarte (Achtung: je nach Institut ist der Betrag auf etwa 3000 HRK pro Tag beschränkt; erkundigen Sie sich auch nach den Vorgaben bzw. Gebühren des eigenen Kartenanbieters). Im Menü des Bankautomaten Deutsch auswählen und eine womöglich angebotene »sofortige Abrechnung in Euro« ablehnen. Bargeld können Sie vor Ort in der Regel zu einem besseren Kurs als in Deutschland wechseln, und zwar in Wechselstuben (»mjenjačnica«) oft günstiger als in der Bank.

Banken sind zahlreich vorhanden und haben in der Regel Mo–Fr von 7–19 und Sa bis 13 Uhr geöffnet. An Geldautomaten, die selbst in kleinen Orten zu

Kosten im Urlaub
(durchschnittliches Preisniveau)

Tasse Espresso	9 HRK/1,10 €
Softdrink (Limonade)	17 HRK/2 €
Großes Bier (0,5 l)	22 HRK/2,96 €
Kleines Bier (0,33 l)	16 HRK/2,15 €
Glas Wein (0,2 l)	20 HRK/2,70 €
Parken (1 Std.)	4–25 HKR/ 0,54–3,38 €

finden sind, kann man rund um die Uhr Geld abheben. In den meisten Hotels, Restaurants, Geschäften und Tankstellen kann man in der Regel mit Kredit- oder EC-Karte zahlen.

Gesundheit

Suchen Sie im Krankheitsfall das nächste Krankenhaus (»bolnica«), ein Ärztehaus (»dom zdravlja«) oder eine Ambulanz (»ambulanta«) auf. Auch Apotheken (»ljekarna«) gibt es in fast allen Orten. Viele Ärzte und Apotheker sprechen Deutsch oder Englisch. Bei Tauchunfällen an die Poliklinik für Baromedizin OXY mit Dekompressionskammer in Pula wenden (im Marinekrankenhaus, Kochova 1a, Tel. +385 (0) 52 21 56 63) oder an die Außenstelle in Crikvenica (Gajevo šetalište 21; www.oxy.hr). Tiernotdienste gibt es in Veterinärambulanzen und -Stationen (»veterinarska ambulanta/stanica«).
Die ärztliche Behandlung im Krankheitsfall ist für EU-Bürger kostenlos, Sie müssen lediglich Ihre gesetzliche **Krankenversicherungskarte** vorlegen, auf deren Rückseite die Europäische Krankenversicherungskarte (EHIC) integriert ist. Sollten Sie vor Ort eine Rechnung begleichen oder Zuzahlungen zu Medikamenten leisten müssen, wird Ihnen Ihre Krankenkasse den ausgelegten Betrag in der Regel erstatten (Quittungen aufheben).
Trotz solider medizinischer Versorgung in Kroatien wird empfohlen, eine private **Auslandskrankenversicherung** mit Rückholservice abzuschließen. Eine solche wird u. a. vom ADAC im Rahmen der Plus-Mitgliedschaft sowie standardmäßig von einigen Kreditkartenausstellern angeboten (Kleingedrucktes in Ihrem Vertrag prüfen).

Haustiere

Hunde und Katzen benötigen einen EU-Heimtierausweis, einen aktualisierten Impfpass mit Nachweis über eine gültige Tollwutimpfung sowie einen implantierten Mikrochip zur Kennzeichnung. Für Hunde besteht Leinenpflicht, außerdem eine Maulkorbpflicht für Kampfhunde sowie für alle weiteren Hunde beim Transport in öffentlichen Verkehrsmitteln. Kroaten sind im Allgemeinen tierlieb und Haustiere in vielen Unterkünften erlaubt, erkundigen Sie sich jedoch unbedingt vorab. Mancherorts gibt es spezielle Hundestrände, z. B. in Crikvenica.

Information

Die örtlichen **Touristeninformationen** TZG (Tourismusverband einer Stadt »Turistička zajednica grada«), TZO (Tourismusverband einer Gemeinde »Turistička zajednica općine«) oder TIC (»Turistički informativni centar« bzw. »Tourist Information Centre«) sind im Haupttext jeweils zu Beginn der Orte aufgeführt.
Allgemeine Informationen erhält man bei den Tourismusverbänden der Regionen Istrien (www.istra.hr/de, auf Facebook unter www.facebook.com/visitistra) sowie Kvarner (www.kvarner.hr/deu, www.facebook.com/kvarner.hr) oder bei der Kroatischen Zentrale für Tourismus (www.croatia.hr, www.facebook.com/croatia.de) mit Büros in Deutschland und Österreich:

Kroatische Zentrale für Tourismus

■ Stephanstr. 13, 60313 Frankfurt/M., Tel. 069/238 53 50

■ Hesseloherstr. 9, 80802 München, Tel. 089/22 33 44

■ Liechtensteinstr. 22 a, 1090 Wien, Tel. +43 (0) 1/585 38 84 (auch für Anfragen aus der Schweiz)

Klima und Reisezeit

Istrien und die Kvarner-Bucht zeichnen sich durch ein **mediterranes Klima** aus: Die Sommer sind heiß und trocken, die Winter mild. Hauptreisezeit sind die Monate von Juni bis Ende August, wenn die Temperaturen regelmäßig auf über 30 °C klettern, man bis in die späte Abenddämmerung hinein im Meer baden und selbst in den Nachtstunden noch in kurzen Ärmeln im Freien sitzen kann.
Auch in den Herbstmonaten kann man noch viele warme Tage genießen und obendrein von den günstigeren Nachsaisonpreisen profitieren. Insbesondere im September und Oktober lässt sich der Strandurlaub angenehm mit kulinarischen Highlights wie der Pilzernte oder dem Esskastanienfest Marunada (S. 128) kombinieren.

Klimatabelle Pula

Monat	Luft (°C) min/max	Wasser °C	Sonne (h/Tag)	Regentage
Jan.	3/9	11	3	7
Feb.	3/10	11	4	6
März	5/12	11	6	7
April	9/16	13	7	6
Mai	13/21	17	9	7
Juni	17/25	21	10	5
Juli	19/28	23	11	4
Aug.	19/28	24	10	4
Sept.	15/24	22	8	5
Okt.	11/18	19	7	7
Nov.	8/13	16	4	9
Dez.	6/11	13	3	8

Im Frühjahr von ca. April bis Juni kommen wintermüde Mitteleuropäer und Aktivurlauber an der aufblühenden Küste auf ihre Kosten: Milde Temperaturen laden zum Spazierengehen, Wandern, Fahrradfahren (www.istria-bike.com), und Segeln ein sowie zum Sightseeing ohne längere Warteschlangen. Auch die Nebensaison von November bis März hat ihren eigenen Charme: In der ruhigeren und feuchtkühlen Jahreszeit kommt man am leichtesten mit entspannten Einheimischen ins Gespräch.

Notfall

Wählen Sie im Notfall die gebührenfreie **europäische Notrufnummer 112**. Die mehrsprachig besetzte Leitstelle gibt Ihren Anruf an die Polizei, Feuerwehr, den Rettungsdienst oder Notarzt weiter (siehe auch »Unfall und Panne« auf S. 126).

Öffnungszeiten

Die Ladenöffnungszeiten sind in Kroatien nicht einheitlich geregelt. Die meisten **Geschäfte** haben Montag bis Freitag von 8 bis 20 Uhr und am Samstagvormittag geöffnet. In großen Supermärkten, Einkaufszentren und Souvenirgeschäften (während der Saison) können Sie meist länger einkaufen, während in kleineren Orten die Geschäfte oftmals schon am frühen Nachmittag schließen. In manchen Ortschaften sind zahlreiche **Kirchen** nur kurz vor oder nach dem Gottesdienst geöffnet (in vielen Kirchen gibt es jedoch ein Metallgitter, durch das man einen Blick ins Innere werfen kann). Insbesondere im istrischen Hinterland kann es sich lohnen, im nächstgelege-

Postämter erkennt man leicht am gelben Zeichen mit der Aufschrift »Pošta«

nen Geschäft nachzufragen: Mit etwas Glück bekommt man dann den Schlüssel für die Kirche in die Hand gedrückt. Öffnungszeiten von Banken, Post und Apotheken finden Sie unter der jeweiligen Rubrik in diesem Kapitel.

Post

Die meisten Postämter (»pošta«, gekennzeichnet mit der Aufschrift HPT) haben Montag bis Freitag von 7 bis 19 Uhr, samstags bis 13 Uhr, in Touristenzentren auch bis 22 Uhr geöffnet. Das **Porto** für Postkarten (»razglednica«) beträgt beim Versand ins EU-Ausland 8,60 HRK. Briefmarken (»poštanska marka«) sind auch am Kiosk sowie in Tabak- und Zeitungsläden erhältlich.

Rauchen und Alkohol

In Kroatien herrscht in öffentlichen Einrichtungen ein absolutes und in Restaurants und Cafés ein eingeschränktes **Rauchverbot**: Kleine Cafés haben die Möglichkeit, sich als Rauchercafé auszugeben, in größeren Lokalen darf in einem eigenen Raucherraum dem Tabakgenuss gefrönt werden, ebenso auf Terrassen. Vor vielen öffentlichen Gebäuden wie Krankenhäusern ist das Rauchen dagegen auch im Freien untersagt. **Alkohol** darf offiziell nur an Volljährige verkauft werden.

Sicherheit

Kroatien ist durchaus ein sicheres Reiseziel, die Straßenkriminalität ist gering, und Gewaltdelikte sind äußerst selten. Nichtsdestotrotz sollten hohe Bargeldbeträge und Wertgegenstände nicht ungesichert in der Ferienunterkunft aufbewahrt und nicht mit an den Strand genommen werden. Im Ernstfall ist die **Polizei** unter 192 zu erreichen. Der Diebstahl von Reisepass oder Ausweis muss sicherheitshalber angezeigt werden, auch bei gestohlenen oder verlorenen Kreditkarten empfiehlt sich eine Anzeige gegen Unbekannt. Die zentrale **Kartensperrnummer** lautet +49 116116.

Sport

Die kroatische Küste ist ein Traum für **Wassersportler**: Das Gesetz untersagt das Absperren von Privatstränden, der Zugang zum Meer und das Schwimmen sind bis auf wenige Ausnahmen überall möglich. Eine Übersicht über Strände, die mit dem Öko-Gütesiegel »blauen Flagge« für Sauberkeit und

hohe Standards ausgezeichnet sind, bietet www.blueflag.global.
In Kroatien gibt es nur wenige Sandstrände, die meisten sind mit Felsen, Kies oder Beton bedeckt. Um die Füße vor Seeigeln und scharfen Steinen zu schützen, empfiehlt sich das Tragen von Badeschuhen. Die Fels- und Kiesstrände mit überaus klarem Wasser laden jedoch zum **Schnorcheln** und **Tauchen** ein. Ein spannendes Tauchrevier ist z. B. das Schiffswrack der 1914 explodierten »Baron Gautsch« vor Rovinj. Wind- und Kitesurfen (Tipp: rund um Premantura und Rabac), Kanu, Kajak oder Bootfahren sowie Stehpaddeln stehen ebenfalls hoch im Kurs.
Wer gerne **segelt**, hat den Vorteil, dass die schönsten Strände Kroatiens oftmals nur vom Wasser aus erreichbar sind. Eine Liste der 22 Marinas des Adriatic Croatia International Club (ACI) in Kroatien ist online abrufbar unter: www.aci-marinas.com/de.
Auf dem Trockenen bietet die Region Besuchern ideale Bedingungen für Radfahren, Klettern, Reiten und Tennis – beispielsweise in Umag, wo mit dem ATP Croatia Open das größte Turnier des Landes ausgetragen wird. Golfern stehen der Traditionsparcours auf der Insel Veli Brijun und der moderne 18-Loch-Platz in Savudrija zur Verfügung. Eine neue Anlage wird derzeit auf der Halbinsel Punta Križa auf Cres gebaut.
In Istrien und der Kvarner-Bucht gibt es wunderbare **Wanderwege**: Aussichtsreiche Gipfel verspricht das Učka-Gebirge, das die Riviera von Opatija vor Winden schützt, das dünn besiedelte Ćićarija-Gebirge an der Grenze zu Slowenien oder der Nationalpark Nördlicher Velebit mit dem 57 km langen Premužić-Wanderweg. Doch auch im Hinterland des Vinodol-Tals lässt es sich gut wandern – mit wunderbaren Panoramablicken auf das Meer. Auf den Kvarner-Inseln ist der Tramuntana-Lehrpfad (12 km) empfehlenswert, im Norden von Lošinj das Osorčia-Gebirge.

Strom und Steckdose

Die Netzspannung ist dieselbe wie zu Hause, und Steckdosenadapter sind nicht erforderlich.

Telefon und Internet

Für die **Handynutzung** innerhalb der EU fallen keine Roaming-Zusatzgebühren an, meist können die gebuchten Datenpakete auch ohne Aufpreis im europäischen Ausland genutzt werden. Die **Ortsvorwahlen** in Istrien und der Nachbarregion sind (0)51, (0)52 oder (0)53. Kroatische Handynummern beginnen stets mit (0)9 und einer weiteren Ziffer – z. B. (0)91, (0)95, (0)98 – und werden aus dem Ausland nach der Ländervorwahl ebenfalls ohne Null am Anfang gewählt. Bei Ortsgesprächen aus dem Festnetz fällt die Ortsvorwahl weg. Bei Anrufen per Mobiltelefon gibt man sowohl für örtliche als auch für Handy-Rufnummern entweder die jeweilige dreistellige Vorwahl inklusive Null am Anfang ein oder die komplette internationale Rufnummer, die automatisch umgeleitet wird. Für **Festnetzanrufe** aus dem Ausland nach Kroatien wählt man die Ländervorwahl 00385 und anschließend die Ortsvorwahl, jeweils ohne Null am Anfang.

Internationale Vorwahlen:

- Kroatien 00385
- Deutschland 0049
- Österreich 0043
- Schweiz 0041

Ein kostenloser **WLAN-Zugang** (»free WiFi«) wird von den meisten Hotels und Cafés angeboten sowie von vielen Gemeinden auf öffentlichen Plätzen, z. B. im Stadtzentrum und in der Nähe von Sehenswürdigkeiten.

Trinkgeld

Über eine kleine Aufmerksamkeit zufriedener Gäste freuen sich Kellner im Restaurant (5–10 %) sowie Taxifahrer, Stadtführer, Hotelpagen, Zimmermädchen und die Schüler und Studenten, die an Tankstellen gekonnt Autoscheiben putzen (5 HRK). Selbsterkorene inoffizielle Parkplatzlotsen können getrost ignoriert werden.

Umgangsformen

Wer beim Besuch in den Innenstädten vernünftig angezogen ist, anstatt mit nacktem Oberkörper herumzulaufen, hat bei den Einheimischen bereits einen Stein im Brett. Mit Wohlwollen wird auch registriert, wenn jemand mit »dobar dan« grüßt, anstatt wie selbstverständlich mit der eigenen Sprache mit der Tür ins Haus zu fallen. Beim Ausgehen in der Gruppe zahlt nicht jeder separat, sondern es wird zusammengelegt bzw. die Zeche diskret von Runde zu Runde weitergereicht.

Unter Kroatinnen ist das **Oben-ohne-Baden** kaum verbreitet, es wird aber ebenso gleichmütig akzeptiert wie das Nacktbaden an ausgewiesenen FKK-Stränden (S. 28), die zumindest bei Kroatien-Besuchern eine lange Tradition haben. Traditionelle **Geschlechterrollen** und Lebensmodelle brechen auch in dieser Region zunehmend auf: Frauen, deren Mütter schon im sozialistischen Jugoslawien Brotverdienerinnen waren, behaupten sich selbstbewusst auf dem Arbeitsmarkt (was in Kroatien nicht im Widerspruch steht zu einem hyperfemininen Äußeren).

Unterkunft und Hotels

In Istrien und der Kvarner-Region ist an Unterkünften alles dabei – vom Fünf-Sterne-Hotel über die Ferienvilla bis zum Leuchtturm-Apartment. Einen Überblick verschaffen die gängigen **Online-Portale** wie etwa www.booking.com und www.airbnb.com sowie die regionalen Touristeninformationen (www.kvarner.hr/deu). Wenn Sie an einem Ort bleiben möchten, ist die Buchung einer Pauschalreise mit Flug und Hotel oft günstiger.

Traditionell sehr beliebt sind **Privatzimmer und Apartments**. Achten Sie auf Schilder mit der Aufschrift »Sobe« oder »Apartmani«. Istrien und die Kvarner-Bucht sind auch beliebte **Camping-Destinationen**, hier reicht die Auswahl vom Mietbungalow bis zum FKK-Campingplatz (siehe dazu auch S. 28). Wildes Zelten ist untersagt, ebenso das Übernachten im Auto oder Caravan, z. B. auf Park- oder Rastplätzen (scharfe Kontrollen!). Detaillierte Infos finden Sie im **ADAC Campingführer** (www.pincamp.de) sowie beim Kroatischen Campingverband (www.camping.hr).

Neben den drei klassischen Jugendherbergen in Pula, Rijeka und Krk (www.hfhs.hr) sind in den vergangenen Jahren viele private **Hostels** entstanden, die auch Einzel- und Doppelzimmer anbieten und eher mit Gästehäusern oder B & Bs vergleichbar sind. Unterkünfte auf dem Land, z. B. beim Direktvermarkter, auf dem Bauernhof oder in Landhäusern, werden als **Agrotourismus** (»agroturizam«)

bezeichnet. Ein Landgut versteht man auch unter dem Namen »stancija«.
In der Hauptsaison, insbesondere in der ersten Augusthälfte, wenn viele Kroaten Urlaub machen, empfiehlt sich unbedingt eine Zimmerreservierung! Nicht selten gibt es in diesem Zeitraum eine Mindestaufenthaltsdauer von drei oder sieben Tagen. Die Kurtaxe beträgt 14 HRK (Sommer) bzw. 10 HRK (Winter) pro Erwachsener. Bettenwechsel ist traditionell am Samstag. Viele Ferienanlagen und Strandhotels sind im Winter geschlossen und öffnen meist erst an Ostern. In größeren Orten findet sich ganzjährig ein Hotel.

Verkehrsmittel im Land

Bus

Istrien und die Kvarner-Region sind über ein dichtes **Fernbusnetz** verbunden. Fahrpläne und Online-Tickets gibt es bei www.arriva.com.hr (auch per App).

Mietwagen

An den Flughäfen und in praktisch jedem größeren Ort kann man ein Auto mieten. ADAC Mitglieder erhalten von der **ADAC Autovermietung** günstige Konditionen.

Fähre

Zwischen dem Festland und den Kvarner-Inseln verkehren Auto- und Personenfähren von **Jadrolinija** (www.jadrolinija.hr, in der Hauptsaison rechtzeitig Online-Tickets kaufen), auf die Verbindung nach Rab hat sich **Rapska plovidba** spezialisiert (www.rapska-plovidba.hr). Bei der Fähranreise sollte man stets viel Zeit einplanen, da es sein kann, dass man – trotz Ticket – nicht auf die Fähre kommt und vor Ort auf die nächste warten muss.

Die Fähre von Brestova auf dem Festland erreicht Porozina auf der Insel Cres

Taxi

Taxistände findet man in touristischen Orten, größeren Städten und an den Flughäfen. Achten Sie darauf, dass das Taxameter eingeschaltet ist oder fragen Sie vor der Fahrt nach dem Preis.

Zollbestimmungen

Der private Warenverkehr ist innerhalb der EU grundsätzlich frei. Der als privat angenommene Verbrauch ist bei manchen hochsteuerbaren Waren allerdings beschränkt, bei Tabakwaren z. B. auf maximal 800 Zigaretten und bei Spirituosen auf maximal 10 l. Die festgesetzte Freigrenze für Wein beträgt 90 l, für Bier maximal 110 l. Für die Bestimmungen in der Schweiz siehe www.ezv.admin.ch.

Die Geschichte Istriens

Ab 1200 v. Chr. Indoeuropäische Stämme lassen sich in Istrien nieder.

Ab 177 v. Chr. Die Römer erobern Nesactium, die Hauptstadt der Histrier, und übernehmen Istrien: Militärlager werden zu Städten ausgebaut, bedeutende Bauwerke entstehen.

5.–8. Jh. Istrien wird von Ostgoten, später von Byzanz und Franken regiert.

6. Jh. Slawen aus dem Dnjepr-Gebiet lassen sich in Istrien nieder.

Ab 1150 Venedig festigt seinen Einfluss. Bis zum Ende des 13. Jh. ist Istrien größtenteils in venezianischer Hand.

12.–17. Jh. Die mächtigen Fürstendynastien Frankopan und Zrinski gebieten über die Kvarner-Bucht.

1797 Ende der Herrschaft Venedigs, Österreich hat nun das Sagen.

1809 Napoleon Bonaparte besetzt Istrien und macht die Halbinsel zu einem Teil seiner »Illyrischen Provinzen«.

1815 Der Wiener Kongress führt zu einer Neuordnung: Istrien wird wieder der Donaumonarchie unterstellt.

1866 Österreich besiegt die italienische Seeflotte bei Lošinj und baut Pula zum größten K.u.k.-Kriegshafen aus.

1920 Die Grenzziehung mit Italien sorgt für Spannungen: Istrien, Cres und Lošinj sind italienisch. Rijeka bekommt zunächst den Status eines Freistaats, ehe es 1924 Italien zugeschlagen wird.

1941–1945 »Unabhängiges Kroatien« und faschistisches Ustascha-Regime.

1945 Partisanenführer Tito ruft die Föderative Volksrepublik Jugoslawien aus.

1947/1954 Friedensvertrag mit Italien, u.a. Rückgabe eines großen Teils von Istrien, Cres und Lošinj an Jugoslawien. Bis zu 300 000 Italiener entscheiden sich für den Exodus aus dem nunmehr sozialistischen Staat.

1980 Nach dem Tod des jugoslawischen Staatspräsidenten Tito verschärfen sich die wirtschaftlichen und ethnischen Spannungen im Land.

1990 Erste freie Wahlen: Der nationalkonservative Autokrat Franjo Tuđman führt Kroatien in die Unabhängigkeit. Im sogenannten Heimatkrieg werden die Krajina, Ostslawonien und Dalmatien heftig umkämpft, in Istriens Hotels werden viele Geflüchtete und Vertriebene untergebracht.

1992 Völkerrechtliche Anerkennung von Kroatien, das Land wird Mitglied der Vereinten Nationen.

2013 EU-Beitritt Kroatiens.

2018 »Brain drain«: Seit dem EU-Beitritt sind rund 400 000 Arbeitskräfte aus Kroatien ins Ausland abgewandert.

2020 Rijeka wird gemeinsam mit dem irischen Galway Europäische Kulturhauptstadt.

2023 Kroatien will den Euro als Währung einführen.

Josip Broz Tito und seine Frau Jovanka im Jahr 1956 auf den Brijuni-Inseln

Kroatisch für die Reise

Das Wichtigste in Kürze

Ja/Nein	*da/ne*
Bitte/Danke	*molim/hvala*
Hallo!/Tschüss! (leger)	*Bok!/Ciao! (beides zur Begrüßung und Abschied); auch: Adio!*
Guten Tag!/ Auf Wiedersehen!	*Dobar dan!/ Do viđenja!*
Guten Morgen!/Guten Abend!/Gute Nacht!	*Dobro jutro!/Dobra večer!/Laku noć!*
Mein Name ist ...	*Ja se zovem ...*
Entschuldigung!	*Oprostite!*
Achtung!/Vorsicht!	*Pozor!/Oprez!*
Ich verstehe Sie nicht.	*Ja Vas ne razumijem.*
Wie viel kostet ...?	*Koliko košta ...?*
Damen/Herren	*ženski/muški*
geöffnet/geschlossen	*otvoreno/zatvoreno*
gestern/heute/morgen	*jučer/danas/sutra*
Wie viel Uhr ist es?	*Koliko je sati?*
Wo ist ...?	*Gdje se nalazi ...?*
Wie weit ist ...?	*Koliko daleko je ...?*
Ist das der Weg nach ...?	*Da li je ovo put za ...?*
Nord/Süd/Ost/ West	*sjever/jug/istok/ zapad*
Ich möchte ...	*htio/htjela* bih ...*
Die Rechnung, bitte!	*Račun, molim.*
Restaurant	*restoran*
Auto	*automobil/kola*
Tankstelle	*benzinska postaja*
Kraftstoff/bleifrei/ Super/Diesel/ Autogas	*gorivo/bezolovan bzw. bezolovno gorivo/ Super/Diesel bzw. dizel/autoplin*
Panne	*nezgoda*
Hilfe!	*U pomoć!*
Fahrrad/E-Bike	*bicikl/električni bicikl*
Hauptbahnhof	*glavni kolodvor*
Busbahnhof/ Bushaltestelle	*autobusni kolodvor/autobusna postaja*
Flughafen	*zraćna luka/aerodrom*
Ausweis	*osobna iskaznica*
Bank/Geldautomat	*banka/bankomat*
Arzt	*liječnik*
Apotheke	*ljekarna*
Lebensmittelgeschäft/ Supermarkt	*trgovina živežnih namirnica/supermarket*
Tourismusbüro	*turistički ured*

Wochentage

Montag/Dienstag	*ponedjeljak/utorak*
Mittwoch/Donnerstag	*srijeda/četvrtak*
Freitag/Samstag	*petak/subota*
Sonntag	*nedjelja*

Monate

Januar/Februar	*siječanj/veljača*
März/April	*ožujak/travanj*
Mai/Juni	*svibanj/lipanj*
Juli/August	*srpanj/kolovoz*
September/Oktober	*rujan/listopad*
November/Dezember	*studeni/prosinac*

*htio/htjela** = männl./weibl. Wortform

Zahlen

1	*jedan*	8	*osam*
2	*dva*	9	*devet*
3	*tri*	10	*deset*
4	*četiri*	11	*jedanaest*
5	*pet*	12	*dvanaest*
6	*šest*	100	*sto*
7	*sedam*	1000	*jedna tisuća*

Hinweise zur Aussprache

lj	wie ›lj‹ (eng zusammen), Bsp.: ulje
nj	wie ›nj‹ (eng zusammen), Bsp.: konj
r	wie ›r‹ (kräftig rollen), Bsp.: riba
s	wie ›ss, ß‹, Bsp.: meso
š	wie ›sch‹, Bsp.: šunka
v	wie ›w‹, Bsp.: voda
z	wie ›s‹ (stimmhaft), Bsp.: bazen
ž	wie ›sch‹ (stimmhaft), Bsp.: žeton

Alle Blickpunkt-Themen in diesem Band:

Register

Bildnachweis
Titel: Lubenice auf der Insel Cres
Foto: Shutterstock (mislaw)
Rücktitel: links: stock.adobe.com (Comofoto), rechts: stock.adobe.com (franziskahoppe)

Alamy: 78; Miha Krofel 109.3 – AWL Images: Alan Copson Klappe1 – Bildagentur Huber: Cogoli Franco 102 – Bureau Turistička Zajednica Grada: 84 – Fotolia: greenpapillon 19; rob_st 67; LianeM 97; xbrchx 105 – gemeinfrei: 10.2 – Getty Images: Gonzalo Azumendi 14/15; Maremagnum 109.1; Ken Welsh 127 – Hotel Stancija Menegeti: 71.2 – Huber Images: Manfred Bortoli 4/5; Arcangelo Piai 7; Morandi Bruno 8/9; Günter Gräfenhain 21, 60, 144; Susanne Kremer 30/31; Franco Cogoli 57, 74 – Imago: 128; Arcaid Images 54; Chromorange 59; sepp spiegl 64; Pixsell 104 – imago stock&people: 103 – Interfoto: 93 – Jahreszeiten Verlag: Arthur F. Selbach 100/101 – laif: Frank Heuer 6.1 6.3, 12.1, 20, 44; Günter Standl 6.2; Martin/Le Figaro Magazine 107; Thomas Linkel 22/23 – look-foto: 77 – Lookphotos: Wilfried Feder 4.1 – mauritius images: Udo Siebig 11.3, 51; P. Widmann 24; Jevgenija/Alamy 43; imageBROKER 47, 114; Bratislav Stefanovic/Alamy 71.1; CuboImages 73.4; World Pictures/Photoshot 91; Alamy 116; Cultura/Brigitte Sporrer 132; Paul Glendell/Alamy Stock Photos 135; United Archives 136 – Mediteraneo Bar: 13.2 – picture alliance: Moritz Vennem 81; Dumont Bildar 92; Arco Images G 94 – Seasons Agency: Jalag/Markus Bassler 11.1 – Shutterstock.com: U. Gernhoefer 4.2, 49, 68; Prangnirin Boonprakob 9; Ziga Cetrtic 10.1; Maurese 12.2; OPIS Zagreb 12.3; Igor Karasi 17.1; ZM_Photo 27; floc 29; xbrchx 34; Kayo 36/37; Aleksandar Todorovic 40; Villiam.M 53, 55; sanzios 73.2, 82; IP.W 87.3; Zick Svift 88; FooTToo 99; iascic 110; Valery Bareta 113; mpaniti 119 – stock.adobe.com: Comofoto 2/3; twoandonebuilding 3.1 – Veronika Wengert 2.1, 3.2

ADAC

Markenlizenz der ADAC Medien und
Reise GmbH, München

ISBN 978-3-98645-009-0

2. Auflage 2022

Autoren: Veronika Wengert, Axel Pinck und Katarina Lukač
Aktualisierung: Veronika Wengert
Redaktion: Gernot Schnedlitz
Lektorat und Satz: Ewald Tange, tangemedia
Bildredaktion: Dr. Nafsika Mylona
Reihengestaltung: Eva Stadler, München; Independent Medien Design, Horst Moser, München
Kartografie: Huber Kartographie GmbH, www.kartographie.de
Herstellung: Mendy Willerich
Druck und Bindung: Drukarnia Dimograf

Wichtiger Hinweis
Die Daten und Fakten für dieses Werk wurden mit äußerster Sorgfalt recherchiert und geprüft. Wir weisen jedoch darauf hin, dass diese Angaben häufig Veränderungen unterworfen sind und inhaltliche Fehler oder Auslassungen nicht völlig auszuschließen sind, zumal zum Zeitpunkt der Drucklegung die Auswirkungen von Covid-19 auf das Hotel- und Gastgewerbe vor Ort noch nicht vollständig abzusehen waren. Für eventuelle Fehler oder Auslassungen können Gräfe und Unzer, die ADAC Medien und Reise GmbH sowie deren Mitarbeiter und die Autoren keinerlei Verpflichtung und Haftung übernehmen. Aus Gründen der besseren Lesbarkeit wird in diesem Buch bei Personenbezeichnungen das generische Maskulinum verwendet. Es gilt gleichermaßen für alle Geschlechter.

Ansprechpartner für den Anzeigenverkauf:
KV Kommunalverlag GmbH & Co. KG,
MediaCenter München, Tel. 089/928 09 60

Bei Interesse an maßgeschneiderten B2B-Produkten:
roswitha.riedel@graefe-und-unzer.de

Leserservice
GRÄFE UND UNZER Verlag
Grillparzerstraße 12
81675 München
www.graefe-und-unzer.de

GRÄFE UND UNZER

Ein Unternehmen der
GANSKE VERLAGSGRUPPE

PEFC zertifiziert
Dieses Produkt stammt aus nachhaltig bewirtschafteten Wäldern und kontrollierten Quellen
PEFC
PEFC/32-31-076
www.pefc.de

Unterwegs in der Region

Mit der Bimmelbahn zum Strand

Das gebuchte Hotel befindet sich außerhalb der Altstadt? Kein Problem: In den meisten Touristenzentren, beispielsweise in Poreč, Rabac/Labin, Novigrad oder Rovinj/Bale verkehren regelmäßig Bimmelzüge zwischen dem Zentrum und den großen Hotelanlagen. Der Fahrpreis beträgt meist nur wenige Kuna.

Radeln strafft die Wadeln

Ob E-Bike, Mountainbike oder City-Fahrrad: Fahrradfahren ist auch in Istrien und der Kvarner-Bucht längst angesagt. Offiziell gibt es in Istrien 100 Radtouren inklusive kostenlosen GPS-Tracks, Karten, Werkstätten.

■ Details unter www.istria-bike.com, www.istria-trails.com

Insel-Hopping

Ab auf die Insel. Doch wie? Wenn Sie zu Fuß unterwegs sind, sollten Sie mit dem »katamaran« anreisen. So heißt die Personenfähre, die Sie schneller ans Ziel bringt. Mit einem fahrbaren Untersatz müssen Sie hingegen auf ein »trajekt« ausweichen.

■ Details unter www.jadrolinija.hr

Mit dem Wassertaxi zum Baden

Wunderschöne, zuweilen auch versteckte Badebuchten gibt es in Kroatien reichlich. Die meisten erreicht man nur mit dem eigenen Boot. Oder mit Taxibooten, die in vielen Häfen warten und mit »Taxi« gekennzeichnet sind (z. B. Rabac Boats: www.rabac-boats.com).

Reisen in Corona-Zeiten

Liebe Leserin, lieber Leser, durch die langen pandemiebedingten Einschränkungen im Hotel- und Gastronomiegewerbe können wir nicht ausschließen, dass einige der im Buch empfohlenen Adressen zum Zeitpunkt Ihrer Reise nicht mehr aktuell sind. Wenn Sie trotz unserer Bemühungen um Aktualität eine solche Adresse finden, teilen Sie uns diese bitte mit. Wir belohnen jede in die nächste Auflage aufgenommene Korrektur mit **einem kostenlosen Reiseführer Ihrer Wahl**. Zuschriften bitte an: adac@graefe-und-unzer.de